小说《鲁滨逊漂流记》

旅途中的大逆转

主　编　周国欣

副主编　王　芳

苏州大学出版社
Soochow University Press

图书在版编目(CIP)数据

旅途中的大逆转 / 周国欣主编. -- 苏州 : 苏州大学出版社, 2024.9. -- (阅读大课堂). -- ISBN 978-7-5672-4933-2

Ⅰ. G624.233

中国国家版本馆 CIP 数据核字第 20246R2Q22 号

旅途中的大逆转 LUTU ZHONG DE DA NIZHUAN

主　　编：	周国欣
责任编辑：	金莉莉
装帧设计：	武　源　马晓晴　刘　俊

出版发行：	苏州大学出版社(Soochow University Press)
社　　址：	苏州市十梓街 1 号　邮编：215006
印　　刷：	苏州市越洋印刷有限公司
邮购热线：	0512-67480030
销售热线：	0512-67481020
开　　本：	787 mm×1 092 mm　1/16　印张：14.75　字数：179 千
版　　次：	2024 年 9 月第 1 版
印　　次：	2024 年 9 月第 1 次印刷
书　　号：	ISBN 978-7-5672-4933-2
定　　价：	30.00 元

若有印装错误,本社负责调换
苏州大学出版社营销部　电话：0512-67481020
苏州大学出版社网址　http://www.sudapress.com
苏州大学出版社邮箱　sdcbs@suda.edu.cn

阅读大课堂

旅途中的大逆转

丛书总策划

朱绍昌

执行策划

顾 清　项向宏　刘一霖　金莉莉

特约顾问

纪学林

书香伴成长

同学们,你们在阅读《鲁滨逊漂流记》这部长篇小说之前,可以先读读语文课本里关于它的梗概来帮助理解。

每天阅读三四页。拿到新书就开始行动吧!同学们在上学期间可利用中午、晚间或其他课余时间读。如果平时的阅读任务没有按时完成,那么可以再利用节假日补一补。每则故事至少读三遍,直到自己能够流畅地讲述为止。

经常扮作小演员。同学们要善于将读到的故事有声有色地讲给别人听,在家每天讲给家人听,在学校讲给学习小组长听,让大家及时看到你们的阅读成绩,分享你们的收获和快乐。

勇于登上大舞台。学习小组、班集体、学校都是同学们的专设舞台。期中前后,同学们要争取在学习小组里表演一次。这本书全部读完后,同学们要力争在班级阅读成果评比时展示一回。在每年读书节期间,学校组织演讲比赛时,同学们要争取代表班级到学校大舞台上绽放一下自己最美的风采。

人人坚信我能行。"书香伴成长"后面为同学们设计了"乐读优秀成绩美誉区"。同学们讲完一则故事后,可请家人根据你们的优秀表现,及时为你们送上最美的笑脸(在笑脸图案中填上金色),并签名。等你们把这本书读完,请把你们讲得最好的那则故事的题目记录在美誉区的下面。

同学们,用每天的坚持塑造最优秀的自己吧!

乐读优秀成绩美誉区

目录序号	讲述日期	绽放最美笑脸	美誉者签名	目录序号	讲述日期	绽放最美笑脸	美誉者签名
1		☺		11		☺	
2		☺		12		☺	
3		☺		13		☺	
4		☺		14		☺	
5		☺		15		☺	
6		☺		16		☺	
7		☺		17		☺	
8		☺		18		☺	
9		☺		19		☺	
10		☺		20		☺	

我讲得最满意的那则故事的题目是：_____

目录

大课堂　阅读指导 …………………………………………… 001

1. 初航遇险 ………………………………………………… 002
2. 沦为海盗的奴隶 ………………………………………… 012
3. 逃出海盗港 ……………………………………………… 016
4. 在巴西安家 ……………………………………………… 028
5. 唯一的幸存者 …………………………………………… 033
6. 重返大船搜集残物 ……………………………………… 038
7. 孤岛上的新生活 ………………………………………… 046
8. 自给自足 ………………………………………………… 059
9. 环游全岛 ………………………………………………… 073
10. 辛勤劳作 ………………………………………………… 082

大课堂　交流分享 …………………………………………… 089

11. 造独木舟 ………………………………………………… 090
12. 沙滩上的脚印 …………………………………………… 104

13. 深居简出的生活 …………………………… 115

14. 我的仆人"星期五" …………………………… 132

15. 攻击野人 …………………………… 151

16. 镇压叛乱 …………………………… 168

17. 夺回大船 …………………………… 186

18. 收回巴西财产 …………………………… 194

19. 曲折的回国路 …………………………… 203

20. 衣锦还乡 …………………………… 217

大课堂　快乐考评 …………………………… 221

自测练习 …………………………… 222

争当"最美乐读者" …………………………… 226

注：本书内容改编自丹尼尔·笛福的《鲁滨逊漂流记》。

大课堂

阅 读 指 导

1. 走进"快乐读书吧"。看看课本内容,说说书中所提到的几部世界名著,你读过哪一部。这学期同学们可重点阅读丹尼尔·笛福的《鲁滨逊漂流记》。有能力的同学可以多读几部名著。

2. 研读方法重实践。读名著先要大致了解名著的写作背景。让我们沉下心来了解一下《鲁滨逊漂流记》的写作背景。除此以外,课本中还提了哪些阅读名著的要求?

3. 体悟"书香伴成长"。我们怎么读好《旅途中的大逆转》这本书呢?小声读读"书香伴成长",读后说说你读懂了哪些内容,还有哪些不清楚的地方,与大家一起讨论。

4. 开启今日读书时。请大家现在沉下心来阅读《旅途中的大逆转》里的第一则故事"初航遇险"。在读故事时,读到自己有感触的地方,随时在页面的空白处写下来,遇到特别喜欢的句子或段落,随时用笔做上记号,或者抄下来。

旅途中的大逆转

1. 初航遇险

我于1632年出身在英国约克郡的一个富裕家庭。我们并不是当地人。我父亲年轻时从德国的不来梅市移居到英国的赫尔市，在那里经商发了家。后来他不做生意了，就搬迁到约克郡定居。在约克郡，父亲娶了我的母亲。母亲姓鲁滨逊，她的家族是当地的名门望族。我出生时取名为鲁滨逊·克罗茨内。但英国人在读"克罗茨内"这个德国姓氏的时候发音并不标准，总是读成"克罗索"，于是周围的人都喊我"克罗索"，以至于后来我就把我的名字写成"克罗索"了。

我还有两个哥哥，大哥在英国步兵团服役，是一名中校，在与西班牙人作战时英勇牺牲了。关于二哥的经历，我一无所知。就如同后来我的父母对我的下落一无所知一样。

> 介绍自己的家庭成长环境，以及自己的性格特点。

我是父母最小的儿子，他们并没有要求我去学什么谋生的技能，因此，我小时候有许多时间胡思乱想，总是琢磨着如何进行航海远游。父亲为我提供了良好的教育条件，让我在寄宿学校读过书，还让我接受过乡村义务教育。他一直希望我将来能够学习法律。遗憾的是，除了航海以外，我对其他事情完全不感兴趣，对于父母亲的劝告、朋友的建议我一概听不进去。也许就是这种性格，使得我命运多舛。

我父亲是个非常聪明的人，做事很谨慎。他预料到我的理想和性格必然会给我带来厄运，就经常教导我。有一天早晨，他把我喊到他的卧室，告诉我，在家乡我可以通过自己的勤劳过上富裕、安逸的日子,我的社会地位是中层阶级。根据他的经验,这是世界上最好的阶级,既不必从事下层阶级艰辛的体力劳动,又不必像上层阶级一样疲于社交,钩心斗角。他劝我不要耍孩子脾气,自讨苦吃。还告诉我:中层阶级的家庭会给我带来幸福,我无须为生计奔波,他会为我做好人生安排,让我一辈子都能过着中层阶级的安逸生活;如果我不听他的劝告,放弃安逸的生活去过苦日子,那就是我自己的过错了,他已经尽到父亲的责任了。总之,他告诫我:只要我留在家里,不航海远游,他就会尽可能地为我安排好生活;但如果我执迷不悟,坚决要航海远游,那么若以后我遭遇不幸,也不要后悔。他希望我能吸取大哥的教训,当时大哥就是因为没有听从父亲的劝告,非要参加战争,结果年纪轻轻就命丧战场。

　　事后想想,父亲的这几句话竟然还应验了。父亲在教育我的时候,眼里充满泪水,尤其是在谈到大哥去世的时候,更是哽咽不止。我被这样满含深情的教导感动,决心留在家里,放弃航海的梦想。可是没过几天,我又开始蠢蠢欲动了。为了不让父亲纠缠我,在那次谈话之后,我一直躲着他。但是我已经不像之前那么鲁莽了,我耐心地等母亲心情很好的时候去跟她聊天,告诉她我什么都不想做,只想出海远游。我希望父亲能够支持我的梦想,不然我只能偷偷逃走。我已经成年了,即便想去当学徒或者律师助手,也已经晚了。而且,我确信,即便现在去当了学徒或者律师助手,没过几天我也会逃出去航海。如果她能替我劝说父亲,让父亲答应我航海远游一次,可能我回来之后就不再喜欢航海了,永远踏踏实实地在家做个中层阶级。

　　听了我的这番话,母亲很生气。她知道无论怎么劝说父亲

> 鲁滨逊不断成长,知道如何坚守自己内心的想法。

旅途中的大逆转

都是没有用的,父亲清楚地知道航海可能给我的命运带来的影响,父亲是无论如何也不会答应我的请求的。她说父亲这样苦口婆心地劝说我,我竟然还想着离家远游,这简直令她无法接受。母亲说,如果我执意要离家远游,那么谁都不会帮助我。如果我非要自己出去找罪受,那么将来如果后悔了,也不要将责任推卸到他们身上。

> 母亲的爱像一杯温热的水,至真至纯。她希望孩子平安,又担心他不快乐。

虽然母亲当时拒绝帮我向父亲转达我的想法,但是后来她还是将我的话原原本本地转述给了父亲。父亲为此总是忧心忡忡的。他告诉母亲:如果这个孩子待在家里,一定会过得很幸福;但是如果坚持航海,很可能会遭遇不幸。无论如何,他都不同意让我出去。

一年之后,我还是决定离家出走了。在这一年里,尽管家里不断建议我去做些有意义的事情,但是这丝毫没有动摇我去航海的决心。一天,我有事去了赫尔市,当时我还没有离家出走的想法,但是那天我恰巧碰到了一个朋友,他用免费乘船来诱惑我。我既没有回家跟父母商量一下,也没有给他们带个话,就直接走了,我想他们早晚会知道我离开的事情。我匆忙地登上了这艘开往伦敦的船。那天是1651年9月1日,我也没想到这是一个不吉利的日子。我相信没有人会像我这样一出门就厄运连连。

我们的船刚离开英国的恒比尔河就遇到了暴风。狂风卷起巨浪扑面而来,非常吓人。第一次出海,我头晕、恶心、身体不舒服,心里也非常害怕,紧接着我就后悔起来。我这个不孝的孩子,不听从父母的教诲,远离家乡,无法尽孝,所以我受到惩罚了。此时,朋友的劝告、父亲的眼泪和母亲的哀求都一起涌入我的脑海,我谴责自己的不孝,谴责自己的执拗,谴责自己的鲁莽。

  风暴越来越猛，海浪越卷越高，眼前是我从未见到的情景。不过这些海浪与接下来几天我所见到的海浪相比，就显得不足为奇了，但是那时对于我这个第一次航海的人来说，简直是个噩梦。在此之前，我实际上对航海的了解并不多。我害怕巨浪会吞没我们的船。每当船被卷入浪中的时候，我会担心我们的船再也不会浮起来。在惊恐中，我一遍遍地发誓，一次次地下决心：如果这次我能活着回到岸边，我就立刻回到父亲身边，从此绝不航海远行了；我愿意听从父亲的安排，再也不会有什么航海的想法了。同时，我想起父亲的话，中层阶级是最幸福、最舒适的阶级，现在我深刻地认识到这句话是多么正确。我想到了父亲，作为一个普通的中层阶级，他这一生都过得非常安稳和悠闲，既没有遭遇海上的恶浪，也没有经历陆地上的困苦。我下定决心，这次我要洗心革面了，我要回家，安分地待在父母的身旁。

> 心理描写：通过对主人公内心的描写，表现他此刻的害怕与后悔。

  在风狂浪急的时候，这些理性而明智的想法不断地在我脑海里出现；但是，第二天，风小了，雨停了，海面平静了下来，我就忘了之前的恐惧，竟然对这海上的生活有些习惯了。但我依旧愁眉苦脸，再加上晕船，整个人没有一点精神气。傍晚，天晴了，风停了，海上的风景看起来非常壮观、美丽。一整天天气都格外晴朗。在风平浪静的海面上，日出、日落都是美丽的风景，我从来没有见过这样的美景。

  晚上，我睡得很好，第二天早晨醒来竟然不晕船了，精神也好了。前天海面上还咆哮着巨大的海浪，此时海面风平浪静，真是令人惊叹。那个诱惑我上船的朋友生怕我经历这次海浪之后再也不愿意航海，就过来看望我。"嗨！感觉怎么样？

旅途中的大逆转

吹了点小风就把你吓坏了？"他拍着我的肩膀说。"那简直是一场恐怖的风暴！"我说。他回答说："风暴？你太傻了，那根本算不上风暴。只要船稳固，这样的小风根本不能把我们怎么样。当然，也难怪，你毕竟第一次见到这样的风暴。来吧，喝点酒，把这些事情都忘掉吧，你看现在天气多好。"

> 语言描写：通过人物的语言，突出海上气候变幻莫测的特点，也表现出朋友航海经验的丰富。

那天晚上，我和很多水手一起尽情喝酒，一直喝到不省人事，完全忘记了之前在风暴来临时我的忏悔和决心。总而言之，风暴过后，大海又恢复了平静，我的思绪平静了下来，对风暴的恐惧也消失得无影无踪。航海远游的想法又牢牢地占据了我的大脑。偶尔，我会想起那些忏悔和决心，但是很快我又努力摆脱这些想法，继续找水手们喝酒。慢慢地，我能够克制自己，再也不去想那些忏悔和决心了。即使偶尔忏悔和决心侵袭我的思想，我也能尽快摆脱它们。

> 鲁滨逊经历了最初的风暴后，更坚定了信念，增添了一往无前的勇气。

日子又平静地过了三四天，我已经完全摆脱了那些忏悔和决心的干扰。为此，我一定会受到上帝的惩罚，这是我自作自受。既然我没有把第一次的海上脱险当作上帝对我的拯救，那么下一次的惩罚就会更加严厉。到了那个时候，就连船上最勇敢的水手都会失去勇气，向上帝求饶。

在海上航行的第六天，我们到了大雅茅斯锚地。在那次风暴之后，一直有逆风，船并没有行进多少，不得不在这里停靠。西南方吹来的逆风持续一周多了，许多从纽卡斯尔出发的船只也被迫停靠在这里，因为这个地方是航海必经的港口，船只都从这里驶入耶尔河。

1. 初航遇险

  本来我们不该在这里停泊太久,而是应该及时驶入耶尔河,可是风刮得实在太大了,风刚停了四五天,又刮起了更猛烈的风。这个港口本来很安全,再加上我们的船锚特别牢固,船上的绳索、轳辘等设备都很精良且结实,因此水手们并不在乎这样的风暴,完全无视风暴的存在,依旧放心地喝酒,踏实地休息。第八天的时候,风猛然增大,水手们开始忙碌了起来,把中帆落了下来,并检查了船上的设备,确保能够顶得住这次狂风。刚过正午,暴风卷起的巨浪有几次差点淹没我们的船,船里进了很多水。船长下令使用备用的大锚,并把锚索放到最大长度。

> 对比手法:固若金汤的装备,自如的水手们,与下文惊险、惨烈的情形形成强烈对比,更加表现出风暴的残虐与无常。

  通过水手们脸上惊恐的神色,我确定风暴已经大得恐怖。船长谨慎地指挥着,确保船的安全。但当他路过我的舱房时,我听到他在自言自语:"上帝啊,求您保佑我们吧,我们要完了。"我手足无措,只能老实地躺在船舱里——我的舱房在最前面。我并没有忏悔,而是有些麻木了。我原以为这次风暴会与之前的风暴一样,很快就会过去的。但是当我听到船长自言自语时,我真的吓坏了。我往舱外看去,悲惨的景象映入眼帘,巨大的海浪每隔三四分钟就向我们扑来,旁边的两艘载着重货的船已经把桅杆都砍掉了。突然,我们船上有人惊叫起来,因为距离我们一海里(1海里等于1 852米)的一艘大货船沉没了。还有两艘小船脱了锚,不得不驶入大海,可是船上连一根桅杆都没有了,还有几艘更可怜的小船只剩下了角帆。

> 语言描写:看似胜券在握,其实获救的希望非常渺茫,说明局势非常险峻。

旅途中的大逆转

傍晚的时候，大副和水手们都请求船长下令砍掉前面的桅杆。船长刚开始是坚决反对的，但是大家一致认为，如果不砍掉前面的桅杆，船就会沉没，船长不得不同意。如此一来，主桅杆失去了控制，船失去了平衡，我们又不得不把主桅杆也砍掉。后来船上就只剩下光秃秃的甲板了。

那时候，我只是一个第一次参加航海的年轻人，之前就被那次小风浪吓得够呛，这次竟然不幸遇到了如此猛烈的风暴。即便在此时，回忆起当时的那个情景，我仍感到恐惧。这种恐惧是我无法用笔墨描述的。但是，当时的情景越来越糟糕，风暴愈来愈猛，连见惯了风浪的水手们都不得不承认这次风暴的确凶猛。我们的船装了很多货物，吃水很深，在风暴中猛烈摇晃，耳边不停地传来船要沉了的叫喊声。船长和水手们感受到了前所未有的危险，开始祈祷。半夜，噩耗传来，船底漏水了。船舱里很快就积了四英尺（1英尺等于0.304 8米）的水，所有人都跑去抽水。听到漏水的消息时，我的心脏似乎停止了跳动，我一下子瘫倒在了船舱里。这时有人把我弄醒，说我虽然什么忙都帮不上，但可以帮着抽水。听了他的话，我顿时有了力气，赶快跑到抽水机旁，拼命地干起活来。正当大家努力抽水的时候，船长发现几艘小煤船被风暴卷到海上去了，当小煤船在我们附近出现时，船长赶快放了一枪，作为求救信号。我当时没反应过来，被枪声吓了一跳，以为船炸了或是发生了其他什么可怕的事情，一下子就晕过去了。

在这种紧张的时刻，人人都只顾自己的性命，根本没有人

> 心理描写：
> 鲁滨逊一次次地忏悔，又一次次地下定决心，在两难的境地徘徊，表现了人物复杂的内心情感。

> 第一次出海就遇到了巨大的风浪，看似厄运缠身，又像是上天的考验。

管我的死活，一个代替我抽水的水手，将我一脚踢到一边去了。他一定以为我死了，很久之后，我才醒过来。

虽然大家拼命地抽水，但是积水还是越来越多，这样下去，船很快就会沉没的。风比之前弱了一些，但我们还是不能驶进港湾，船长不断鸣枪求救，有一艘载货不多的船冒险停下来，放了一只小艇来救我们。小艇上的人冒着生命危险将小艇划到我们附近，但是风吹得小艇无法靠近我们的船。后来我们从船尾扔出去一根带着浮筒的长绳子，小艇上的人拽住绳子，我们将小艇拉到我们的大船边上，大船上的人这才顺着绳子滑到小艇上。我们再也不能回到大船上了，于是齐心协力将小艇划向岸边。船长答应小艇上的人，如果小艇不幸触礁了，他会原价赔偿的。

在波浪的推动及我们众人的划动下，小艇逐渐向北驶去，一直到了温特顿岬角附近。

离开大船大概一刻钟，大船就沉没了。我第一次明白一艘船沉到海里是怎么回事。

> 精良、结实的大船就这样沉没在大海中，可见大自然的力量远超人们的想象。

虽然处境艰难，但是水手们还是努力把小艇向岸边划去。大浪袭来，小艇被冲到浪尖上，我们已经能看到陆地了，岸上的人也发现了我们，许多人跑到岸边试图营救我们，但是小艇前进速度很慢，我们怎么也靠不了岸。最后，我们竟然划过了温特顿灯塔，此处的海岸线凹到内陆，风势小了很多，我们终于登岸了。上岸之后，我们走到雅茅斯地区，在那里，当地的贵族、富商和船主热情地接待了我们，并给足了我们回去的路费。这些路费足够我们回到伦敦市或者赫尔市。

> 在灾难面前，人们的互助与关爱更显得珍贵。

旅途中的大逆转

但凡我还有一点理智，那么我肯定会选择回到赫尔市，跟父母幸福地生活在一起。但是似乎命中注定我的厄运并未结束，一种不可抗拒的力量阻止我回家。好几次，我恢复了理智，急切地想回家，但我没有勇气行动，我想这就是命运，明明知道这样是自寻死路，仍然自投罗网。

船长的儿子，就是那个怂恿我上船的朋友，现在胆子竟然比我还小。在雅茅斯地区的时候，我们被安排在不同的地方休息，因此几天之后我们才相遇。这是我们遇难后的第一次见面，刚说话，我就发现他的整个状态变了，他显得无精打采，而且不停地摇头。跟我交谈后，他把我介绍给了他的父亲。他告诉他的父亲，这是我第一次航海，以后我还打算去更远的地方。

听了朋友的介绍，他的父亲表情严肃，告诫我说："年轻人，这次的灾难是一个不祥的征兆，说明你不能当水手。你以后还是不要继续航海了。"我奇怪地反问道："为什么？难道您以后也不能继续航海了吗？""不，航海是我的工作，也是我的职责。"他回答道。

"你第一次航海就遇到这样的灾难，这是上帝对你的惩罚。如果你一意孤行，必然大祸临头，也许就是因为你，我们的船才遭遇如此劫难。你是谁？怎么会在我的船上？你为什么要参加航海？"我简单地向他介绍了我的身世。他听完之后，显得非常愤怒，愤恨地说："简直作孽，竟然让你这样的扫把星上了我的船，以后我坚决不允许你上我的船，给我一千镑我都不答应。"我想因为他的船沉没了，他正心烦，所以把怨气都发泄到我的头上，实际上，他没有权利朝我发火。不一会儿，他又很诚恳地敦促我回到父母身边，不要再惹怒上帝，给自己带来更多灾难与不幸。他说，他应该能够感觉到上帝是不允许我航海的。"年轻人，请听我的劝告吧，如果你不赶快回家，必然会受到上帝更大的惩罚，将来你会后悔的，你父亲的话会应验的。"我根本没有理睬他的劝告，很快跟他分别了，从此再也没有见过他。

> 语言描写：为后来发生的一系列厄运做铺垫，侧面烘托出鲁滨逊对航海的执着。

至于我自己呢，反正口袋里有钱，我就从陆地去了伦敦市，在伦敦市我又开始纠结到底是回家还是继续航海。后来想起来，我觉得当时我的想法真是可笑，我觉得年轻人应该理智些，不是以做错事为耻辱，而是以不知悔改为耻辱。实际上，及时悔改，那才是真正的聪明呢。

乐行乐思

1. 你知道航海需要做哪些准备吗？搜集相关资料，梳理归类并分条列举。

2. 鲁滨逊在出海前与父母发生了巨大的冲突。在生活中，你与父母发生过冲突吗？你是怎么解决的？

2. 沦为海盗的奴隶

> 经过多番内心挣扎,最终,鲁滨逊还是选择了听从内心的声音,继续前行。

我陷入矛盾之中好多天,不知道该怎么做。如果我回去,邻居一定会耻笑我,这让我感到羞耻。这种感觉冲淡了我对这次航海灾难的记忆,于是,回家的想法越来越淡薄,继续航海的念头倒越来越强烈了。

不久之前,一股邪恶的力量驱使我离家去航海,我年轻不懂事,妄图一夜暴富,这种念头实在太强烈了,以至于我听不进任何人的劝告。而现在,又是这股邪恶的力量——不管这到底是什么样的力量,它又驱使我开始了冒险之旅。我踏上了一艘开往非洲的船,准备去几内亚。

说来惭愧,在上一次的航海中,我并不是一个水手,本来我应该勤奋刻苦些,学点普通水手该做的事,即便以后当不了船长,说不定也可以当个大副或者船长助手。可是命运注定我总是做出最坏的决定。这次当然也不例外。因为口袋里有点钱,我穿上体面的衣服,以绅士的身份上了船,对于船上的一切工作,我一点也没有留心学习。

在伦敦时,我认识了一个好朋友,这似乎也是命中注定。这种好事哪里会落到我这样一个放荡不羁、误入歧途的人身上呢?厄运总是纠缠着我,早早给我设下了陷阱,但是我当时并不这样认为。我认识了一位曾经到过几内亚的船长,他在几内亚做了笔不错的买卖,发了大财,所以想再去一趟。我的谈吐并不令人讨厌,在我提到想远游见见世面的时候,他表示如果

2. 沦为海盗的奴隶

我愿意跟他一起去几内亚,可以免费搭乘他的船,跟他一起做伴。如果我想捎点货赚点钱,他也会给我最中肯的意见。

这正是我求之不得的,船长为人坦诚,很快我就跟船长成了好朋友。我上了他的船,并带了些货物。

> 似乎并不像父亲所说,在海上总是会遇到厄运。鲁滨逊的人生好像出现了转机。

正是船长的无私帮助,我赚了不少钱。因为听从了他的建议,我花了四十英镑在伦敦市买了一批玩具和一些小玩意。这些钱都是我从亲戚和朋友那里弄来的。我写信给他们,他们肯定会告诉我的父母,至少会告诉我的母亲,这样我父母就会出钱,再请亲戚和朋友寄给我。

这应该是我航海生涯中唯一的成功经历,这当然得益于我这位船长朋友的无私帮助。正是在他的帮助下,我懂得了一些航海的知识,学会了写航海日志和观察天文。总之,我具备了一个水手应当具备的基本常识。他很愿意教授我知识,我也乐意跟他学习。这次航行,不仅使我成了一个水手,还让我成了一个不错的商人。从几内亚回来的时候,我已经拥有五磅九盎司(1盎司约等于0.028 3千克)金沙,这些金沙换来了大约三百英镑。这次成功让我信心倍增,却也几乎断送了我的一生。

> 此刻,鲁滨逊似乎已然忘记了上次航海的恐怖记忆,对未来的航海生活充满了希望。

当然,这次航海也并不是非常完美,因为要买卖货物,我们在非洲西海岸一带停留了一阵子。这里纬度在赤道到北纬15度附近,天气酷热难耐。跟许多在热带航海的水手一样,我得了热病,高烧令我不断地说胡话。

现在,我完全一副几内亚商人的样子,可惜的是,我的船长朋友从几内亚回到伦敦市不久就去世了。尽管没有他的陪

旅途中的大逆转

伴，但我还是决定再去一趟几内亚，还是乘我朋友的那条船，之前的大副现在成了船长。这完全是一次倒霉的航行。从上次赚的约三百英镑中，我拿出一百英镑来购买货物，剩下的存放到去世船长的夫人那里。这位寡妇跟船长一样，对我很大方，很友好。在这次航行中我遇到了太多不幸的事。我们的船在加那利群岛和非洲西海岸之间航行。一天早晨，一艘土耳其海盗船扯满了帆从后面追赶我们。我们鼓起帆试图逃跑，但是海盗船更快一些，照此下去，不用几个小时，他们就会追上我们。下午3点，他们已经冲到了我们的一侧。

我们的船上有十二门大炮。我们将其中的八门搬到靠近海盗船的一侧，猛烈地向他们开火。但海盗船上的大炮比我们多六门，他们一边后退，一边还击，二百多个海盗还用枪向我们射击。还好，我们船上的人都隐蔽得很好，没有人受伤。不一会儿，他们主动向我们发起了攻击，竟然有六十多个海盗从后舷跳到了我们的甲板上。他们疯狂地乱砍乱杀，桅杆、绳索等船具都被砍断了。我们船上的人拿着枪、短柄矛、炸药包等各种武器拼命反抗，并两次击退了海盗。我不想仔细回忆这次的不幸。总之，纵然我们浴血奋战，最终我们还是失去了三个水手，还有八个人受了重伤，只能向海盗投降。我们被俘虏到萨累——一个摩尔人的港口。

> 用列数字的方法，展现这场恶战的规模之大，也表明战况之危急。

> 又一次印证了父亲的话："如果坚持航海，很可能会遭遇不幸。"

我以为在那里我会遭受非人的折磨，还好情况并不像我想象得那样糟糕。其他人被送到了皇宫，而我被海盗船长作为战利品留了下来，成了他的奴隶，也许是因为我年轻又聪明，对他来说比较有用。我的处境发生了翻天覆地的变化，从一个成

2. 沦为海盗的奴隶

功的商人一下子变成了可怜的奴隶,这令我悲痛欲绝。这是上帝对我的惩罚,没有人能够救得了我,可是这仅仅是苦难的开始,接下来的苦难再让我仔细讲讲吧。

海盗船长,也就是我现在的主人,把我带到了他家。我想,他出海时一定会带上我的,而且我想海盗早晚要被西班牙人或者葡萄牙人俘获,那时候我就可以重获自由了。但这个愿望很快破灭了,因为他出海时总是将我留在岸上照看他的花园,在他的家里干体力活。当他航海归来时,他就让我睡到船上,替他看船。

> 鲁滨逊渴望自由,渴望踏上航海之路,但败于现实。此刻,鲁滨逊会后悔当初离家出走的决定吗?说一说。

我绞尽脑汁也没有想出合适的办法逃走,或许压根没有逃走的可能性,我一个伙伴也没有,没有人与我一起商量,一起想办法。我孤零零的一个人,接触不到任何其他奴隶,也接触不到一个英格兰人、爱尔兰人或者苏格兰人。就这样,可怜的我熬过了两年时光。在这段时间里,我一遍遍想着不同的逃跑计划来安慰自己,却无法将任何一个计划付诸实践。

乐行乐思

海上的气候变幻无常,鲁滨逊的命运亦是如此,或许他的命运已与大海紧紧连在了一起。此刻,他已沦为奴隶。如果你是鲁滨逊,你会怎么拯救自己呢?多想几个办法,并写一写。

3. 逃出海盗港

两年之后,一次特殊的情况让我逃跑的想法又强烈了起来。这次我的主人在家待了很久,因为手头紧张,他没能买齐船上所需要的必要设备。这段时间里,他总是乘一条小舢板去附近捕鱼,每周都去一两次,有时候天气好,他去得更频繁。这条小舢板只是他大船上的一条。每次去捕鱼时,他都命令我跟一个叫佐立的小男孩为他划船。我捕鱼的技术确实还不错,能哄得他很开心。有时候他会让他的亲戚带着我和佐立一起去捕鱼。

> 行为描写:鲁滨逊观察着主人,探寻规律,等待逃跑时机。

一天,我们又出海捕鱼,出发时,天气很好,风平浪静。可是才划了一海里多,海上突然起了大雾,回头根本看不到海岸线了,我们分不清方向,只能拼命地划船。一天一夜之后雾散了,我们发现船非但没有靠岸,反而离岸六海里多了。我们又费了好大劲才划回去,到岸边的时候简直快饿死了。

> 环境描写:表现了海上天气的多变,反映了海上生活的不易。

这次小意外让我的主人在捕鱼时更加谨慎了,每次捕鱼时他都要带上指南针和一点食物。在海盗船长俘获我们的那艘船上,有一条不错的舢板,他让一个英国奴隶在舢板中间弄了个小船舱,船舱后面还有足够的空间允许一个人站在那里掌舵拉船帆。船的前头也有一点空间允许两个人站在那里升降船帆。舢板上的帆是三角帆,帆杆横在船舱顶上。船舱很矮,但是很

3. 逃出海盗港

舒适，可以让两个人在里面休息，还可以放下一张桌子。桌子下面有抽屉，里面储存了几瓶酒，还有一些面包、大米等吃的东西。

从此，我们经常坐着这条舢板出海捕鱼。因为我的捕鱼技术还不错，所以主人总是带着我出海。有一次，他邀请了几个当地有名望的摩尔人一起乘坐长舢板出海捕鱼。为了招待客人，他准备了许多酒和菜，还有打猎用的短枪、子弹、火药，并提前一天放到了船舱里。

> 侧面描写：
> 主人为朋友的到来做了许多准备，说明主人是个细心的人，烘托出鲁滨逊逃离他的不容易。

第二天，我把船冲洗干净，挂上船帆，等待客人的到来。不料，过了一会儿，主人一个人来了，说客人不能去捕鱼了，直接到家里吃饭。主人命令我和佐立还有那个摩尔人出去捕鱼，用鱼来招待客人。他一再叮嘱，捕鱼回来之后要把鱼立刻送到家里去，我当然得听从他的命令。

但是，就在这时，我争取自由的想法又突然冒出来了，因为眼前这条舢板现在完全由我来支配了。主人一走，我就准备起来了，当然并不是准备去捕鱼，而是准备逃离，至于逃到哪里，我也没有什么主意，只要离开这里就行。

我先告诉那个摩尔人，我们不应当吃主人的面包，得自己准备一些吃的。他觉得我的话很有道理，就搬来一箱当地产的甜饼干，还有三罐淡水。我知道主人的酒放在什么地方，看装酒的箱子就知道这酒是从英国人手里抢来的。我趁着摩尔人没有留意的时候，将一箱酒搬到了船上，找了个合适的位置摆好，似乎主人本来就把这箱酒放在这里一样。同时，我还顺便搬上来六十多磅蜜蜡，还捎带了一包粗线、一把斧头、一把锯子和一把锤子。这些东西都是非常有用的，尤其是蜜蜡，可以

旅途中的大逆转

做蜡烛。

细节描写：说明鲁滨逊为逃跑做了充足的准备。

接着，我又想出来一个新主意，没想到这个叫莫利的摩尔人竟然又上当了，我说："莫利，主人的枪在船上，你再去弄点火药和子弹来，或许我们能顺便打几只水鸟。"他痛快地答应了，并很快从大船上弄来一大袋子火药，还有许多子弹，他把这些全都弄到舢板上。我还找来了一个大酒瓶，酒瓶里的酒已经不多了，我把酒倒到其他瓶子里，把这个大酒瓶装满火药藏到舢板上。一切准备妥当，我们就出发了。

由于港口堡垒里的士兵们认识我们，我们顺利出了港口，出港才一海里我们就下海捕鱼。这时候风向东北偏北，这与我的愿望恰恰相反，如果刮南风的话，我就更有把握把船开到西班牙海岸。但是现在我已经下定决心，不管刮什么风，我都要逃走，逃离这个可怕的地方。至于能逃到哪里，就只能听从上帝的安排了。

我们钓了一会儿鱼，但是毫无所获。因为即使鱼咬了我的钩，我也不钓上来，免得让摩尔人看见。过了一会儿，我无奈地告诉他，这样可不行，我们没什么拿回去，主人一定会责备我们的，我们得再前进一点。他觉得再前进一些也没什么关系，就同意了我的建议。他在船头扬帆，我在船尾掌舵，这样我们又航行了两海里才停下来。我把舵交给了佐立，然后漫不经心地走到摩尔人身边，假装在他身后找东西，弯下腰来，趁其不备，猛地用手臂撞了一下他的裤裆，他一下跌到海里。这个摩尔人像软木浮子一样一下从海里冒了出来，向我呼救，求我把他拉上船，并说愿意听从我的命令，我走到哪里他都会追随。此时风并不大，小船行进得很

说明摩尔人的品性单纯，间接促使了鲁滨逊成功逃跑。

018

慢，而他游得非常快。眼看就要被他追上了，我迅速从船舱里拿出一支长枪，对着摩尔人说："我不想伤害你，你游泳游得很好，完全可以自己游回到岸边，现在没什么风，你还是赶快游回岸边吧。但是如果你非要上船，我就会毫不犹豫地朝你的脑袋开枪。我已决心逃离这里，争取我的自由。"听了我的话，他掉转方向朝着岸边游去，我确信凭借他的游泳技能，他完全可以安全到达岸边。

本来，我有机会把佐立淹死，带着那个摩尔人逃离，但是我有点不大信任那个摩尔人。摩尔人游走后，我对佐立说："佐立，如果你发誓忠于我，我会让你成长为一个堂堂的男子汉；但是如果你不发誓效忠于我，我会把你扔到海里去。"佐立笑了笑，立刻发誓效忠于我，愿意跟随我到天涯海角。他在发誓的时候态度很诚恳，让我非常相信他对我的忠心。

> 语言描写：刻画出鲁滨逊知人善用的一面，表现了鲁滨逊的智慧。

那个摩尔人还在向岸边游着，我们的船只仍然在他的视线范围之内。这时候，我故意让船逆风行驶，径直驶向大海，这样他就会以为我想去直布罗陀海峡，实际上，大部分的人都会这么选择。没有人会想到我们会向南方行驶，因为那里是野人出没的地方。也许到了那边，还没来得及上岸就会被野人抓起来，即使上了岸，也迟早会被他们吃掉。

到了傍晚，我改变了航向，向着东南偏东行驶，这样船可以沿着海岸航行。这时候海面平静，风势不错，我们鼓起帆快速前进，按照这样的速度，我估计第二天下午三点左右我们就可以靠岸。那时候，我们已经距离萨累一百五十多英里（1英里约等于1 609米）了，已经不在摩洛哥的领土之内，当然也不属于任何国家，因为那里根本没有人。

旅途中的大逆转

但是，我被摩尔人吓得失去了理性的思维能力，生怕再被俘虏，再加上风势很好，于是我既没有靠岸，也没有抛锚，一直走了五天。这时候风向渐渐发生了变化，向南吹，我想他们应该不会跑到这里来抓我了，这才放下心来，在一条小河的河口停了下来。我根本弄不清这里是什么地方，属于哪个国家，什么经纬度，什么民族……周围没有一个人，当然我也不希望遇到什么人。我现在唯一需要的就是淡水，傍晚的时候我们驶入小河，决定等到天黑再上岸打探一下情况。但天刚黑，岸上就传来了各种陌生的野兽的嚎叫声，听了令人毛骨悚然。可怜的佐立被吓坏了，央求我等到天亮再上岸。我答应了。不过我告诉他，白天上岸的话也许会碰到野人，说不定比野兽还要凶猛。佐立笑着说："那我就开枪打他们。"虽然发音不太地道，但是佐立基本能用英语和我交谈。看到佐立很开心，我也感到很高兴，我从酒箱里拿出酒瓶，倒了些酒给他喝，给他壮壮胆子。不管怎么说，佐立的建议都是非常有道理的。于是，我们静静地在船上躺了一夜。我们只是静静地躺着，实际上，我们压根没有合过眼。因为两个小时后，就有各种大型野兽来到海边洗澡、打滚。至于是什么野兽，我并不知道，我从未见过或者听说过，只是看起来非常吓人。

> 说明环境危险，摆脱奴隶身份的鲁滨逊似乎并不顺利。

佐立很害怕，我也被吓坏了，但更让我们害怕的是有一头野兽竟然游到我们船边来。虽然天很黑，我们看不清那头野兽的样子，但是从它的呼吸声来判断，这头野兽应该非常大。佐立说是头狮子，我想也许是的。佐立吓得高声向我求救，让我起锚把船划走。我说："不，佐立，我们可以把锚索和浮筒一起放出，将船向海里移移。那些大型野兽应该不会向海里游太远，不可能跟上来的。"我还

3. 逃出海盗港

没说完，那头野兽已经游到离船两桨的地方了。我立刻找来枪，朝着那大家伙放了一枪，野兽立刻掉头游到岸上去了。

巨大的枪声过后，漫山遍野连同岸边的大型野兽都愤怒地吼了起来，听得我们毛骨悚然。我想，这里的野兽大概之前从未听过枪声，所以反应如此强烈。这让我确信，不用说晚上，即便是白天上岸也是非常危险的。无论是落到野人手里，还是落到野兽嘴里，后果都不堪设想。

但无论如何，我们都得到岸上弄点淡水，因为船上的淡水已经不多了。但是，怎么上岸，怎么找水？佐立想自己带个罐子到岸上去看看有没有水，如果有的话就给我带回来。我问他为什么是他到岸上去。佐立诚恳而天真的回答让我喜欢上了他，他说："如果野人把我吃了，你还可以逃走。""好吧，佐立，如果野人来了，我们俩就开枪打死他们，决不允许他们抓走我们俩中的任何一个。"我给了佐立一块干面包，顺便从酒箱里拿了瓶酒给他。关于酒箱的来历，我之前曾提到过。我们把船开到岸边，两个人就下船蹚水上岸了。我们带了两个水罐，还带了枪支、弹药。

> 语言描写：通过人物对话，体现人物关系。此时鲁滨逊与佐立已超越主仆，更像相依为命的朋友。

我们不敢走太远，怕野人乘着独木舟从河的上游下来。可是佐立看到一英里外的低洼处，就径直走了过去。不一会儿，他飞快地朝我跑来，我以为有野人或者什么野兽在追赶他，急忙迎上去帮他。但是我迎上去的时候才发现他肩膀上有只兔子似的小动物。这只小动物的毛色与野兔不一样，而且腿比兔子的长，原来是佐立逮到的猎物。这只小动物看起来味道应该不错。我们都很兴奋，不过更令我们兴奋的是，佐立竟然找到了淡水。

旅途中的大逆转

后来，我们发现其实根本不需要费那么大力气去找淡水，在我们的船停泊的小河的上游，只要潮水一退，就可以取到淡水。事实上，潮水并没有倒灌进小河多远。我们把所有的瓶瓶罐罐装满水，然后又煮了佐立抓到的猎物，饱餐一顿，准备再次出发。在这里，我们没有发现任何人类的足迹。

以前我曾经到过这一带的海岸，知道加那利群岛和佛得角群岛距离大陆并不远。但是船上没有测量经纬度的仪器，而且我也不记得这些岛屿准确的经纬度了。不然的话，我应该很容易找到这些岛屿。现在唯一的办法就是沿着海岸继续航行，一直到英国人做生意的地方，那里经常有英国的商船来往，我们就得救了。

> 测量经纬度的仪器是航海必备的，它可以帮助水手辨别方向。如何利用大自然在海上辨别方向呢？

我估计我们现在大概在摩洛哥王国和黑人部落之间的地区，这儿有那么多陌生的大型野兽，没有人烟，黑人怕摩尔人骚扰就放弃了这里，而摩尔人觉得这里太荒芜，也不乐意在这里居住。不过因为这里有老虎、狮子、豹子等野兽，摩尔人有时会到这里来打猎。每次来的时候都有两三千人，简直像一支小军队。实际上，我们沿着海岸线走了大概一百英里，白天只能看到荒芜的海岸，晚上耳边野兽的嚎叫声此起彼伏。

> 环境描写：说明船只行驶的不易，一切仿佛都是命运的安排。

有一两次，我似乎看到了加那利群岛中高大的泰尼利夫山山顶。我试图把船驶过去，但是每次都被逆风吹了回来。风很大，我们的船太小，无法向大海深处行驶，只能按照之前的计划，继续沿着海岸线行驶。

路上，我们有几次不得不上岸补充淡水。有一天早晨，我

3. 逃出海盗港

们在一个小岬角停泊，正好赶上涨潮，我们想等潮水退了之后再往里行驶。佐立眼尖，突然小声跟我说："快点把船驶离岸边，看那儿！一个大怪物正在岸边躺着睡觉呢！"我顺着他的手所指的方向看去，果然一头雄狮正躺在那里睡觉。我说："佐立，你过去把它打死吧！"佐立瞪大眼睛，吃惊地说："我？我怎么能把它打死？还没等我打死它，它就把我一口吃掉了。"我让他乖乖在船上等着，自己拿着一支装满了火药的长枪，又带了两颗子弹，然后拿了一支装着两颗子弹的枪，最后拿了一支装着五颗小子弹的短枪。我首先用长枪瞄准狮子的头，朝着它的头开了一枪。当时狮子正躺着，前腿往前伸着，挡着鼻子，因此子弹打到了它的前腿膝盖上，它的一条前腿断了。狮子愤怒地吼叫，站了起来，但是因为一条腿断了，它失去了平衡，又跌倒了。它很快用三条腿保持住了平衡又站了起来，疯狂的怒吼声刺入我的耳朵。我有点惊讶自己并没有打中狮子的脑袋，发现狮子似乎想跑，我赶紧拿起第二支枪对着它的脑袋又补射了一枪，这时狮子才轰然倒下，吼叫声变成了痛苦的呻吟声。佐立胆子大了起来，要自己上岸去看看。他一手举着枪，一手划着水，来到狮子跟前，用短枪指着它的耳朵，向它的头部开了一枪，这才彻底打死了这头狮子。

> 神态描写：表明佐立觉得不可思议，说明这项任务对他来说十分困难。

> 动作描写：写出了佐立在探索过程中的小心翼翼，使人物形象更丰满。

不过打死这头狮子对于我们来说纯粹为了追求玩乐，因为狮子的肉根本不能吃。为了这头不能吃的大猎物，我们浪费了一些火药和三颗子弹。想想真是有些可惜，我又后悔了起来，不过佐立觉得一定要从狮子身上弄点什么下来才行。他向我要斧子。我问："你想干什

旅途中的大逆转

么?"佐立说:"我去把那家伙的大脑袋砍下来。"不过佐立竟然没能砍下它的脑袋来,只砍了一条腿,仅仅一条腿就大得可怕。

我想,狮子皮或许对我们还有点用处,于是我和佐立又试图剥下它的皮来。对于这个工作,我完全不知道如何下手,佐立明显比我有经验。经过一天的努力,我们终于把狮子皮剥了下来。我们把皮摊在船舱顶上,两天就晒干了,后来我们就把这张狮子皮当褥子。

> 叙述:说明逃跑之路的艰辛,表达出鲁滨逊内心对自由的向往。

杀了狮子之后,我们又向南行驶了十一二天。船上的粮食不多了,我们只能省着点吃。除了不得不上岸补充淡水,我们几乎不靠岸。我想把船行驶到非洲海岸的冈比亚河或者塞内加尔河,也就是佛得角一带,在那里也许能遇到欧洲的商船。但是如果遇不到的话,我就只能找找那些群岛,或者死在黑人手里了。我知道,从欧洲到几内亚海岸,或者去巴西或者去东印度群岛的商船都必然经过这个海角或者这些群岛。总之,我把自己的命都赌在机遇上:如果遇到商船,我就得救了;如果遇不到,我也许就只有死路一条了。

之后,我们又向前航行了十天左右,这时才看到岸上有些人烟。有几个地方,我们的船驶过的时候,我们能看到岸上有人在看我们,他们都一丝不挂,浑身黝黑。有一次我很想上岸跟他们交流一下,但是都被佐立阻止了。不过我还是把船向岸边靠了靠,以便能与他们交谈。我发现他们跟着我的船沿着海岸跑了很长一段路,除了一个人手里有根细长棍以外,其他人都是空着手。那根细长棍是镖枪,他们掷镖枪的技术很高,能掷得又准又远。我并不敢完全靠岸,尽量用手势跟他们交流,

我着重表达了我们需要食物的愿望。他们招手让我停下来，表示愿意给我拿些肉来。于是，我把船帆降下来，停靠在岸边。有两个人跑回村去，半个小时后，他们带着两块肉干和一些谷物回来了。这些大概是他们这里的主要食物，不过我和佐立都不认识这些是什么谷物。虽然我们很希望拿到这些食物，但是我们还是有些担心，不敢上岸，他们同样也害怕我们，不敢下来。最后，还是他们想出来一个好主意，他们先把东西放到岸边，然后退到很远的地方，这样我们就可以放心地拿食物了。

> 细节描写：双方对彼此都无法信任，但都保有善意。

因为我们船上实在没有什么东西可以回赠给他们，只能用手势向他们表示我们很感谢他们。但正在此时，天赐良机，让我们还了他们的人情。当时，突然从山上跑下来两头巨大的猛兽，它们飞快地向岸边跑来。那些黑人被吓坏了，除了那个拿着镖枪的人以外，其他黑人都逃走了。不过那两头猛兽并没有袭击黑人，而是直接跑到海里开始玩耍。出乎意料的是，有一头竟然游到我们的船旁边了。幸好我早有准备，迅速地给枪装好弹药，并让佐立给另外两支枪装上弹药。那猛兽一靠近，我立刻开枪，一枪打中了它的脑袋。那猛兽立刻沉到水底，不过它又奋力挣扎出水面，上下翻腾挣扎着，试图游到岸边，但是因为头部受伤，又加上海水不断呛到它的嘴和鼻子里，还没游到岸边，它就彻底死去了。

> 动作描写：写出了猛兽想要脱困的激烈反应。

岸边的黑人听到响亮的枪声，看到枪里耀眼的火光，吓得浑身打战，有几个吓得腿软，瘫倒在地上。直到他们看到猛兽死了，而且我们也不断向他们招手，他们才壮起胆走过来。我们根据水里的血迹找到了猛兽，并且用绳子拴住那头猛兽，把

旅途中的大逆转

> 外貌描写：简洁、生动地写出了这头猛兽的特点。

绳子的另一头给了黑人，让他们拖到岸边。猛兽被拖上岸之后，我们仔细一看，才发现它实际上是一头奇怪的豹子，满身都是黑色的斑点，非常美丽。黑人全部举起了双手表示他们的惊讶，他们大概没有想到我们竟然能猎杀这样的猛兽。

枪声和火光把另一头猛兽吓得跑到岸上，迅速地逃回了山林。因为距离太远，我们没有看清楚另一头猛兽是什么样子的。我看出那些黑人很想吃豹子，当然，我很乐意把豹子送给他们。他们很快用一片薄木片剥了豹子的皮，比我们用刀子还快。他们表示想分一部分豹肉给我们，但我们谢绝了，只要了那张豹皮。他们还送给我们很多谷物，我们都收下了，尽管我们根本不知道那些都是什么谷物。接着我又用手势向他们表示我们没有水了，我把水罐口朝下，上下来回翻转了几次，表示里面没水。他们明白了我的意思，很快有两个女人抬了一大缸泥水来。这些女人跟之前的男人一样，都赤身裸体。

我们告别了这些善良的黑人，带着谷物和水回到了船上，一口气又航行了十一天，中间没有停留过一次。后来，我们看到一片陆地，长长地延伸到海里，距离我们的船只有十三四海里。我深信这就是佛得角群岛，但岛屿离我们有点远，如果刮大风，我们是无论如何都到达不了那里的。

我有些郁闷地走到船舱里，让佐立去掌舵。突然佐立大叫了起来："主人，快看哪！大帆船！"这个傻孩子以为原来的主人来追他了，被吓坏了。我倒是没有这种担心，因为我们已经走了很远，海盗绝对不可能追上来。我跳出船舱一看，发现是一艘葡萄牙船。我估计那是一艘去几内亚海岸贩卖黑奴的船，但是从那艘船的航向来判断，他们应该是去另一个方向，并不

3. 逃出海盗港

打算靠岸。因此，我拼命地把船向海里开，希望能联系到他们。

我费尽了力气，但还没来得及发出信号，大帆船就远去了。我张满帆全速前进，但能追赶上的希望越来越渺茫了。幸运的是，这个时候他们船上的人通过望远镜发现了我们。他们看到我们的船是欧洲小艇，以为是某条大船遇难后放下的逃生艇，所以降下帆来等我们，这让我太兴奋了。船上有我们原来船主的旗帜，我立刻拿来使劲地摇起来，同时又鸣枪求救。他们发现信号就立刻降帆等我们，他们真是太仁慈了。差不多三个小时后，我们终于上了他们的船。

转折：机缘巧遇，鲁滨逊又会有什么际遇呢？

鲁滨逊在逃出海盗港的过程中经历了几次转折？给你留下了什么印象？

旅途中的大逆转

4. 在巴西安家

他们分别用葡萄牙语、西班牙语、法语问我是谁,但我听不懂他们的话。后来船上一个苏格兰水手跟我说话,我才听懂,并告诉他我是英格兰人,是从摩尔人手里逃出来的。他们热情地接待了我,并把我小船上的东西都搬了上去。

简直难以相信我竟然能死里逃生,我立刻把船上所有的东西都赠送给船长来报答他,但是他什么都不要。他说:"今天我救了你,如果有一天,我有难,希望别人也会救我。再说,现在你跟着我的船去了巴西,如果你把所有的东西都送给我,你到了之后没钱、没食物,那不饿死了,岂不等于我救了你之后又害了你?你的东西还是做回家的盘缠吧!"

> 语言描写:刻画出船长友善、高尚的人物形象。

他命令一个水手把我所有的物品都做了登记,以便在船到岸之后如数归还给我,连三个水罐都被登记了进去。

他很喜欢我的小艇,想买下来,让我开价。对于这样善良、慷慨的人,我实在不好意思开价,只是说他愿意给多少就给多少。他说他先给我一张八十的西班牙期票,这种期票在巴西也可以兑换现金。如果船到达巴西后,有人愿意出更多的钱买我的小艇,他还会补足差额。他还想用六十西班牙银币买佐立,但我实在不忍心出卖这个可怜的孩

> 叙述:船长慷慨大方,真是鲁滨逊的贵人。

4. 在巴西安家

子的自由。在我们相处的这段日子里，他对我很忠心。他又提出了一个折中的条件：如果这个孩子将来成为基督教徒，那么十年后他让佐立成为自由人，并签订契约。再加上佐立也很愿意跟随这个船长，我最终同意了。

我们一路上非常顺利，不到一个月我们就到达了群圣湾。现在我已经自由了，该好好考虑下一步该怎么办了。

船长不但没有收我的船费，还花了二十枚欧洲流通币买了我的豹皮，花了四十枚金币买了狮子皮，还买了我的酒箱、枪等。总之，变卖东西之后，我得了二百二十枚西班牙银币。怀揣这些钱，我踏上了巴西的土地。

到巴西不久，船长把我介绍给了一位种植园主。种植园主跟船长一样善良无私。他有一个甘蔗种植园，还有一个制糖厂。我有幸在他家住了一段时间，学习到了种植甘蔗和提炼糖的方法。我发现在巴西的种植园主赚钱很快，生活都很富裕。所以我想，假如我能在巴西居住，我也要做种植园主。因此，我立刻用所有的钱买了一块荒芜的土地，并制订了一个经管种植园和定居巴西的计划。

我的邻居是葡萄牙人，叫威尔斯。当时他的境况与我差不多，资本都很少。我们两家的种植园紧紧相邻，因此我们常常一起聊天。最初两年，我们以种植粮食为主。不久之后，我们开始发展起来。第三年时，我们又种了一些烟草；同时，我们各自又购进了一些土地，准备来年种甘蔗。然而，我们都感到缺乏劳动力。此时，我真后悔把佐立让给别人。

现在我已别无选择，只能勉强维持下去。现在的生活与我所向往的生活也截然不同。为了向往的生活，我违背了父母的教诲，远离家乡。而现在，我安稳地经营着种植园，过着我父亲一直希望我过的中层阶级的生活。但是如果我真的喜欢中层

旅途中的大逆转

阶级的生活，那我其实完全可以待在家里，何必跑到巴西来。

现在我把自己比作荒岛的人，所以命中注定，我将成为在荒岛生活的人。如果我老老实实地在巴西当我的种植园主，或许我会变成大富翁。

在种植园步入正轨的时候，在海上救我的船长又来到巴西了。这次他是路过巴西，在这里装完货之后就会立刻起航出发，大概需要航行三个月。我告诉他我有一笔资金在伦敦，于是他给了我一个友好的建议。"英国先生，"他一直这么喊我，"你写份委托书给我，请你的资金保管人把你的钱汇到里斯本，然后我帮你置办一些货物。下次来巴西时，我帮你把货物带过来。但是，为保险起见，你还是先用其中的一半，也就是一百英镑，万一生意失败了，你还有钱生活。"我觉得这个建议很好，立刻写了一份委托书交给船长，还给了他一份货物清单，同时写了一封信给替我保存钱的那位去世的船长的夫人。

> 语言描写：进一步丰富了船长善良无私的形象。

在那封信里，我详细地跟她叙述了我离开伦敦后的经历。她拿到我的信之后，很同情我的遭遇，也很感激那位船长救了我，不仅如数把钱给了我，还自己拿出了五英镑给船长以此感谢他救了我。除了买货物，船长还帮我购置了一些铁器等工具。船长为我考虑得太周到了，他带来的这些工具正好是我的种植园所需要的。当时，在种植方面，我还是个新手。

> 已故船长的夫人守约、慷慨，为鲁滨逊将来的生活做铺垫。

不仅如此，船长竟然还用那五英镑给我买了一个用人，契约为六年。这六年之内我不需要支付任何酬劳，只需要给他一点烟草就可以了。船长给我带的货物都是地地道道的英国货，

030

4. 在巴西安家

在这里都特别贵重，我很快就以高价售出了，赚了四倍的钱。就现在的情况，我所拥有的已经大大超过我的邻居了。我很快又为自己买了一个黑奴和一个欧洲用人。

种植烟草的第二年，我大获丰收，收获了五十捆烟叶，每捆一百多磅。我把它们晒干储存起来，等着商船来运走。可是因为此时的我已经有了不少钱，生活无忧，因此不切实际的各种想法又跑到脑子里来了。

和上次从父母身边不辞而别一样，在巴西，我很快又对现状不满。虽然我完全可以靠种植烟草发家致富并过上幸福的生活，但是我不安于像普通人一样靠着勤劳慢慢积累财富，而是希望一夜暴富。这些虚妄的想法毁掉了我安逸的生活。

让我把后来发生的事情慢慢跟大家说说吧。当时我在巴西已经居住了四年，种植园已经初具规模，我已经能够熟练地用当地的语言交流，也认识了一些种植园主和城里的商人。我说的城是指巴西的港口城市圣萨尔瓦多。跟他们聊天时，我经常提到我的几内亚之旅，告诉他们与黑人们做生意的情况。我时常说，与黑人们做生意很容易，用一些珠子、玩具、刀子之类的就可以换到他们的金沙、香料等贵重物品，还能换黑奴。当时，黑奴在巴西是特别稀缺的。

他们对我的谈话内容非常感兴趣，尤其是换黑奴的事情。当时贩卖黑奴才刚开始，商人如果贩卖黑奴还必须获得西班牙、

> 这一连串的行为，表现出鲁滨逊很聪明，具有生意头脑。

> 转折：鲁滨逊的生活又一次发生了天翻地覆的变化。试试预测鲁滨逊将过上什么样的生活。

> 背景拓展：此时巴西所在的南美洲处于世界近代社会时期。

旅途中的大逆转

葡萄牙许可，以保证西班牙和葡萄牙的黑奴供应。贩卖黑奴是垄断生意。巴西进口黑奴很少，价钱十分高昂。

有一次，我跟几个种植园主和商人又聊到了买卖黑奴。第二天，他们中的三个来找我，向我提出了一个经过认真思考的建议，但需要我严格保密。他们告诉我，他们想弄条船去几内亚。他们并不是想贩卖黑奴。这三个人都跟我一样是种植园主，种植园缺乏劳动力，他们虽然不能像获得许可的那些商人一样公开售卖黑奴，但是可以去买些黑奴来自己用。至于我，不需要出任何钱，只需要跟他们一起去，回来之后就可以分到四分之一的奴隶。

如果我是一个没有种植园的人，这的确是个好建议，因为不必出一分钱，我就可以发一笔大财。但是我在巴西有自己的种植园，而且经营得不错，只要好好经营，就能赚到这笔钱。如果我同意这个建议，那就太荒唐了。

船长给你留下了哪些印象？联系相关情节和细节，用自己的话说一说。

5. 唯一的幸存者

也许命中注定我总是自取灭亡，我竟然抵挡不了这个诱惑，立刻答应了下来。同时，我也立了一份遗嘱，如果此次远行中我发生了意外，船长将成为我的继承人。但他应该按照我的方式处理我的财产，一半归自己，一半运到英国。

如果我稍微有点理性，我就应该思考一下该做和不该做的事情。我不应该放弃我日益兴旺的种植园。要知道，海上航行总是不安全的，尤其是我，命中注定会遭遇各种不幸。

但远航的兴奋将我的理性抛到了九霄云外，我把船装备好，带足货物就出发了。时间是1659年9月1日。对我来说，这是个不吉利的日子。八年前的这个日子，我从赫尔市上船开始了远航。

> 背景拓展：17世纪中期，地理大发现"地图"学说被证实。

我们的船载重一百二十吨，并配了六门大炮。除了我，还有船长、船长的用人等，共十六个人。船上装了很多受黑人欢迎的小玩意，比如玻璃器具、望远镜、剪刀之类的，没什么大件货物。

我们计划沿着海岸线向北行驶，一直行驶到北纬十度到十二度之间，横渡大洋，直接到达非洲。这是一条商人们经常走的路线。我们出发后，天气很热，不过天气还算不错，很快我们就到达了圣奥古斯丁角，即巴西东部延伸到海里的一块高地。过了这里，我们就离开了海岸驶向大海深处。我们的方向是东北偏北，目标是费尔南多德诺罗尼亚岛。

旅途中的大逆转

心理描写：海上的气候不仅影响着商人们的利益，也威胁着他们的生命。

十二天后，我们测得我们所处的纬度是北纬七度二十二分。没想到一股飓风开始从东南方向刮来，接着又转成西北风，然后又变成了猛烈的东北风。连续十二天的狂风让我们一筹莫展，只能顺着风漂流，每天我们都忧心忡忡，担心自己被海浪吞没。

雪上加霜的是，船上的一个人因为热病死了，还有一个人和船长的用人被海浪卷到海里了。第二十二天的时候，风稍微平静了，浪也小了。经过认真观测，我们已经行驶到了北纬十一度左右的地方，应该在巴西北岸或者圭亚那海岸附近，我们驶过了亚马孙河的入海口。因为船有些地方已经被损坏，船长极力主张把船开回巴西。我们一起研究了地图，结论是我们必须行驶到加勒比群岛，否则找不到人救援。

表明到达非洲的不易，从侧面说明黑奴的难得。

因此，我们改变方向，向着巴尔巴多群岛方向驶去。据我们估计，只要我们避开墨西哥湾逆流，大概半个月就能到达那里。在那里修补船只，补充食物和人员之后，我们才有可能顺利到达非洲。

航行的方向并不是由我们说了算的，在北纬十二度十八分的地方，我们又遭遇了暴风。暴风将我们的船向西北方向刮去，迫使我们的船偏离了正常的贸易航线，远离了有人类文明的地方。在这种境况下，即使我们侥幸避开葬身鱼腹的厄运，也不能避开被野人吃掉的厄运，总之，想回国是不可能了。

动作描写：写出了船员见到陆地的喜悦，但好事多磨。

暴风持续地吹着，我们陷入了非常危险的境地。一天早晨，船上一个人突然兴奋地大喊："陆地啊！陆地！"我们都急忙跑到甲板上，看看我们到了哪里，结果船却在沙滩上搁

034

浅了。海浪不断地冲击着船。我们只能躲在船舱里祈祷，希望能躲过这一劫。

没有亲自感受过那种场景的人，是不会体会到我们的恐惧的。当时我们不知道自己在什么地方，也不知道这个地方是否安全。风有些小了，但还是很有威力。船似乎经不住冲击了，随时都有破裂的可能。除非奇迹出现，风能够立刻停止，否则我们的船在下一分钟就会坍塌。所有的人聚在一起，面面相觑，坐以待毙。我们确实没有任何办法来拯救自己。

没想到，船竟然又坚持了一会儿，而且风慢慢变小了，可是船已经搁浅，无法动弹。幸好船上还有一只小艇，我们趁着风小，都逃到了小艇上。小艇没有帆，我们只能用桨向岸边划去，不过这么做，无疑加速了我们的死亡，因为不知道前面等待我们的是陡岸还是浅滩。我们唯一的愿望就是能进入一个海湾或者河口，但是划了很久，我们既没找到海湾，也没找到河口，更没有找到陡岸，越靠近陆地，越觉得陆地似乎很可怕。

大概划行了四海里的时候，忽然一个巨浪从我们身后袭来，我们来不及躲闪，小艇被掀翻了，所有人都落到了海水里。还没来得及喊一声，我们就都被海水吞没了。我心如乱麻，虽然我很擅长游泳，但是海浪实在太大，我很难呼吸。我被海浪推到了半干的岸上，差点被海水呛死，但我的头脑还是很清醒的，我发现自己已经靠近陆地，就立刻爬起来往陆地跑去，防止下一个海浪把我再卷回大海。但是我发现已经来不及了，身后一个猛浪已经袭了过来，根本无法逃脱。我在海水里挣扎着，竭力向岸边游去，只盼着海水不要把我卷到海里去。

海浪把我埋在深二三十英尺的海水中，我能清楚地感受到海浪把我推向岸边，我立刻屏住呼吸向岸边游去，憋得我肺都快炸了。正在此时，我的头和手露出了水面，虽然只有两秒

旅途中的大逆转

钟，但让我得以呼吸，这给了我很大的力量。接着我又被埋到水里，不过这次时间稍微短些，终于我熬过了这一个巨浪的冲击。我喘了口气，待海水退尽，我就拼命向岸上跑。但是，又一个巨浪从背后袭来，这个巨浪还是像之前那个一样把我卷起来，向岸边推去。

> 细节描写：突出情况十分危险，命悬一线，情节跌宕起伏。

第二个巨浪把我卷到一块岩石上，撞得我失去了知觉。好在下一个浪头打来之前我醒了过来，看到海浪又袭来，我紧紧抱住了岩石，等海浪退去，我立刻又向岸边奔去。又一个海浪袭来，不过这个海浪已经无力把我卷起来了。我继续向前跑，登上岸边的岩石，然后一下瘫在岸边的草地上。我心里无比宽慰，终于摆脱危险了。

> 动作描写：写出了鲁滨逊与海浪搏斗拼尽了全力，表达了他对生存的强烈渴望。

我仰望天空，感谢上帝让我逃过这一劫难。几分钟前，我还濒临死亡，现在我确信，一个能死里逃生的人，那种喜悦的心情是难以用语言形容的。

我在岸上高兴得手舞足蹈，做出各种奇怪的动作。我回忆着刚才死里逃生的经过，真是想不到，我竟然成为唯一的幸存者，因为后来我只看到了一顶帽子和几只不成双的鞋子随着海浪漂到岸边。

远远地，我还能看到那条搁浅了的大船，此时，海上烟雾弥漫，船又离岸边很远，我只能模糊看见。真是不可思议，我竟然能从那么远的地方逃到岸上来，真是庆幸。然而这种庆幸并没有维持几秒，因为环顾四周之后，我竟不知道自己在什么地方，

> 细节描写：鲁滨逊虽然幸存下来，但真正的困境才刚刚开始。

而且处境艰难。我浑身湿透，没有衣服可换，又饿又渴，搜遍全身只找到一把小刀、一个烟斗和一点烟叶。这让我急得在岸上团团转。

天色渐暗，一想到夜晚会有野兽出来觅食，我就更加惆怅了。如果真的有大型野兽的话，我估计活不成了。

我的旁边有一棵很高大的树，树叶茂密，有点像枞树，不过树上有刺。我想，爬到树上藏一夜应该很安全，其他事情等天亮再说。我稍微转悠了一下，竟然找到了淡水，喝足了水，又嚼了点烟叶，爬上树，尽量躺得稳当一些。我已经累坏了，躺下便呼呼大睡了。我想，如果换作其他人，在这种情形下，绝不会睡得这样香甜。

成为幸存者的鲁滨逊会有什么遭遇呢？他会面临什么困难？试着预测一下。

6. 重返大船搜集残物

> 环境描写：渲染了平和、美好的氛围，为接下来的行动做铺垫。

天大亮，我才醒过来，天气晴朗，海面非常平静。令我大吃一惊的是，经过一夜的风吹，我们那条搁浅的大船竟然被冲到撞伤我的岩石附近，现在离海岸只有一海里的样子，它竟然稳稳地停在那里。我想，如果我能过去，就能拿到一些生活用品和食物了。

环顾四周，我发现那个小艇也被冲上了岸，离我大概只有两英里。我先去了小艇那边，但是我发现我跟小艇还隔着一个半英里宽的水湾，只得又返回来。我想，现在最要紧的是上大船拿东西。

> 心理描写：表现出鲁滨逊对决策的追悔，对同伴的思念，对今时处境的绝望。

好天气一直持续，下午的潮水回落，我只需走一段，再游个几十米就能达到大船。可是，这时候我又难过了起来，我想，假如昨天我们不冒险到小艇上去，都坚持在大船上，也许我们现在都还活着。可是如今只剩下我一个可怜的人，没有伙伴，没有乐趣，想到这里我竟然伤心地流泪了。哭也无济于事，我还是先上船吧。当时天气炎热，我脱掉衣服，游到船边。可是我发现我上不了船，因为船已经搁浅，甲板高出水面非常多，我没法爬上去。我沿着船游了两圈，突然发现一根垂下来的绳子，真是奇怪，我第一次怎么没发现呢？这根绳子从船头悬挂下来，垂

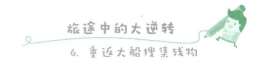

到水面上。我抓着绳子毫不费力地就上了船。

　　船漏水严重，船舱里盛满了水。因为船所搁浅的沙滩有很多岩石，导致船尾上翘，水都灌进了船的前半身，船的后半身倒是没什么水。我急切地查看了船上的一切。幸运的是，所有粮食竟然都没有浸水，我连忙到面包房去，往口袋里塞满饼干，一边吃一边继续干活。在大舱里我又找到了一些酒，喝了一大杯提神。我真想有条小船，把这些东西都运到岸上。

　　这么一想，我突然有了主意，船上有备用的帆杠，还有几块木板及一两根多余的接桅。我立刻动手把这些东西都拼接起来，做成了个木筏。这个工作其实非常辛苦，但是我迫切地想搬东西到岸边，因此也并未感觉到累。若是在平时，我肯定不可能如此迅速地完成这么多工作。

> 细节描写：绝境逢生，鲁滨逊在不断成长，对生存的渴望激励他勇敢前进。

　　木筏终于做好了，我上去踩了踩，倒是挺结实，而且也可以承载不少东西。现在我需要考虑带哪些东西回去了。我先找到了三个大箱子，把东西都倒了出来。其中一个箱子我主要放了一些面包、羊肉干、米等，还有一些欧洲麦子。这些麦子原本是喂船上的家禽的，现在家禽都死了。船上本来还有大麦和小麦，结果都被老鼠糟蹋了。我还找到了几瓶烈性酒，还有五加仑左右的椰子酒。我忙着搬东西的时候，发现潮水开始上涨，把我留在岸边的衣服冲走了，这让我有些郁闷，因为等我上岸的时候，我就只剩下一条过膝的短裤、一双袜子。因此我又不得不从船上找了几件可以穿的衣服。我觉得衣服之类的并不是最重要的，现在最重要的是木工工具。我找了半天，总算找到了木匠的箱子。对现在的我来说，一船的金沙也没这个工具箱子值钱。

> 对比：突出工具箱的重要性，表达了发现箱子的激动和喜悦。

旅途中的大逆转

我怕浪费时间，所以没打开箱子看看里面的工具，因为里面装的东西我心里有数。

我想我还得弄点枪支弹药回去。大舱里原来有两支短枪，还有两支很棒的长枪，我都拿上了，还拿了几个装火药的角筒、一包子弹、两把旧刀。我找到了三桶火药，可是一桶已经进水了，所以我只搬了其他两桶。这时候木筏上的东西已经很多了。我该思考如何把木筏弄到岸上了。

没有帆，没有桨，也没有舵。这个简易木排一遇到风就会翻到海里。不过当时海面非常平静，又加上是涨潮的时候，海面有一点微风直吹向海岸。这些都对我非常有利。我找到了三支小艇上的断桨，临走前，我还找到了斧头和锯子。收拾妥当后，我出发了。最初一海里，行驶得还算顺利，不过稍微偏离了昨天我上岸的地方。仔细观察后我发现，原来这水朝岸边的一个方向流，我猜测附近肯定有小河或者小溪。要是这样的话，我就可以顺利把木筏弄到港口了。

> 细节描写：在海上生活多年的鲁滨逊了解了很多自然常识。

果然，我很快看到了一个小湾，潮水轻轻地往海湾里涌。我划着木筏，向海湾漂去。因为对地形不熟悉，木筏的前头突然一下子搁浅了，后面却还在水里漂着，货物都倾斜了，差点滑到水里。我立刻用背顶住箱子，防止它们下滑，但是顶着箱子，我就没有足够的力气撑开木筏。我滑稽地保持着顶住箱子的动作，一直持续了半个小时，后来上涨的潮水更猛了一些，木筏又浮了起来，终于恢复了平衡。我划着木筏进入河口，观察着两岸的地势，试图寻找个合适的地方停下来。我不想深入小河，尽可能地靠着海边，这样过往的船只我就能及时发现。

> 写出了鲁滨逊拼尽全力的样子，生动形象。

6. 重返大船搜集残物

　　河岸的右边有个不错的地方，我费了九牛二虎之力终于把木筏弄到了最浅的地方。我用船桨抵住河底，想把木筏撑过去，可是这一下我差点又把木筏弄倾斜，货物差点又翻了下去。这里的河岸都是陡直的，根本没法登岸。

　　我只好用船桨当锚，把木筏固定在靠近岸边的河滩上，等待潮水漫过沙滩，水涨得足够高，我就把木筏撑过去了。之后，我在船的前后各插上一支桨，把木筏停稳当，等潮水退了，木筏就能平安地留在岸边了。

　　我在岸边找到了个合适的地方休息，安置我的东西。不过现在我还不知道自己到底在哪里，不知道是在陆地上还是在海岛上，不知道有没有人、有没有野兽。离我不远的地方有座小山，我拿着一支短枪、一支长枪和一点火药出发去山顶。路不太好走，我费了好大的劲才登到山顶。站在山顶，我观察了四周的状况，才发现自己在一个小海岛上，四面都是茫茫大海，没有陆地，只能隐约看到几块礁石，还有西边十五海里的地方有两个更小的岛。

> 环境描写：刻画出荒芜的画面，渲染了寂静、可怕的氛围。

　　我想这么荒芜的地方应该不会有人，只会有野兽。不过我并没有发现什么野兽，只看到很多我从没见过的鸟类，不知道它们的肉好不好吃。

　　回来的路上，我看见了一只很大的鸟在身边的大树上，我一枪把它打了下来。森林里无数的鸟被这枪声惊起，到处乱飞，聒噪地叫着，不过我一只也不认识。

　　我打死的鸟长得有点像老鹰，不过它的爪子并没有钩。令人扫兴的是，它的肉很酸，特别难吃。

　　现在对于岛上的状况我已经有所了解了，回到木筏旁，我把货物都搬到岸上。等搬完东西，天已经黑了，我还是不敢在

旅途中的大逆转

地上睡，怕夜间有野兽袭击。不过，我后来才发现，这种担心简直太多余了。

> 细节描写：写出孤岛求生十分困难，刻画了鲁滨逊勇敢、聪明的形象。

我把盛东西的箱子和木筏上的木板围成一圈，弄成一个房子的样子，把自己围起来，这样晚上就可以安心地睡觉了。至于晚饭，我现在还不能在岛上找到食物，不过在打鸟的地方我似乎看到了两三只野兔。

这时，我想到大船上还有一些东西是非常有用的，绳索、帆布等都可以搬来。我决定，只要有一线希望，就再弄些东西过来，不然，一旦刮大风，大船就会被彻底吹垮了。一想到这里，我决定立刻返回大船。不过，在出发前，我先把衣服脱了，只穿着衬衫、短裤、鞋子。

> 心理描写：表现鲁滨逊逐渐接受现实并拾起信心，努力生存。

像上次一样，我游到大船边，顺着绳子爬上大船，这次又弄来个简单的木筏，不过不像第一次那么笨重了，只能承载一点东西。这次我运回来三袋钉子、一把钳子、二十多把斧头和一个非常实用的磨刀砂轮，还弄了两三只起货用的铁钩及长枪、短枪、子弹、火药等，此外，还有一堆衣服、被褥，一个吊床，一个备用的樯帆。这次倒是很顺利地到达了岸边，不过路上我一直担心岸上的粮食会被野兽吃掉。

回到岸边，我欣慰地看到我所有的东西还在，原封未动，只有一只像野猫的小动物站在箱子上。我走上前去，靠近它，这小家伙竟然一点儿也不害怕我，依旧抬头看着我，因为它压根不懂枪的威力。于是我扔给它一块小饼干。它闻了闻就吃掉了。它似乎很喜欢这个味道，又向我要。饼干对我来说可是宝贝，给它一块，我已经很慷慨了，绝不能再多了，我就把它撵走了。

6. 重返大船搜集残物

第二批东西弄到岸上之后，我想把两桶火药弄成小包存放好，不然两桶火药太重了。我决定先用帆布和砍下的树干撑一个帐篷，把那些怕淋怕晒的东西都放起来，再把空箱子和空桶放在周围，以保护帐篷，防止野兽袭击。

我又找了几块木板当帐篷的门，门外弄了一只箱子挡着。在帐篷里我铺了张床，在床头放了两支短枪、一支长枪防身。收拾完之后，我总算能踏踏实实地睡觉了，白天劳累了一天，我实在太困太累了。

以现在所拥有的枪支、火药，我的力量还是很强大的，但我还是不想浪费大船上的那些东西，想尽可能都搬来。因此，每天趁着退潮的时候，我都要回去弄点东西，尤其是第三次，我弄来很多绳子和帆布，连同那桶浸过水的火药。不过那些帆布都被我裁剪成一块一块的了。

> 不知道要在这里停留多久，鲁滨逊只能尽量多做准备，以生存下来。

这样来回跑了五六趟之后，船上都被我搜遍了，我以为没什么有用的东西了。没想到，我又在一个角落里发现了一大桶面包、三桶甘蔗酒、一箱砂糖，还有一桶面粉。这简直是额外的收获，我立刻用帆布包起来，弄到岸上。

> 在这样恶劣的环境中，食物尤为珍贵。

弄了这些东西之后，第二天，我又去了一趟，确实没有什么可以搬运的了。于是我把锚索弄成小段，又把铁缆和其他铁器都集中了起来，把能找到的木头都砍了下来，做成了一个木筏。不过这次运气不佳，因为这次做的木筏笨重，加上都是铁器，在进入小湾之后，木筏失去了控制，连人带东西一起翻到了水里。还好离岸不远，我并没有受伤，不过所有铁器都掉到水里了。我觉得有些可

旅途中的大逆转

惜，因为那些铁器还是很有用处的。幸运的是，退潮后，我泅到水里找了找，竟然发现了这些铁器。于是，我一遍遍地泅到水里打捞，这工作简直太折磨人了。

后来，我还是每天到船上去搜罗有什么可以弄回来的东西。凡是我能搬得动的东西都已经搬来了。如果天气还是这么好的话，我觉得我可以把船拆了，把东西都搬上来。正当我准备再次去大船的时候，天气突变，开始刮大风了。在退潮的时候，我还是顺利地上了大船，尽管我觉得我已经把船翻了个底朝天了，但是这次竟然在一个柜子的抽屉里找到了剃刀、剪刀、刀叉等，还在一个柜子里发现了欧洲金币及巴西和西班牙银币。现在看到这些钱币我突然觉得很滑稽，自言自语道："你们这些没用的东西，现在还有什么价值呢？还不如这些刀珍贵。你们就待在这里，沉到海底吧！毫无价值的东西，根本不值得我把你们弄到岸上去。"可是我想了一下，还是把这些钱用帆布包起来带走了。我正想做木筏时，发现天突然暗了下来，天空布满了乌云，刮起了大风。仅仅一刻钟时间，一阵狂风从岸上袭来。我意识到在这种情况下木筏是没有用处的，我得趁着潮水还没涨上来之前赶快上岸。我立刻下船，游过船和沙滩中间的那片水域，来到沙滩上。由于带着东西，我游得很费劲。我上岸不久，潮水就涨上来了，暴风也跟着刮起来了。

我回到帐篷，躺下睡觉，周围都是我的财产，我心里有些踏实了。一整夜都在刮着大风。第二天我起来一看，大船已经没了踪影。我有些失落，但是想想我没有浪费这段时间，已经

转折：说明船在航行前做了充足的准备，也表现出世事无常，如今搁浅，无法预料。

环境描写：海域的天气变幻莫测，暗流无数，在此生存并不容易。

旅途中的大逆转

6. 重返大船搜集残物

尽力把船上的东西弄来了。即便再给我一些时间，也弄不到什么东西了，想到这些我就坦然了。

> 心理描写：相对于之前在海上遭遇风暴时，鲁滨逊的心理承受能力增强了很多。

我现在不想那条大船了，也不再挂念那条船上的东西了，只是希望有什么东西可以被海浪卷到岸上来。事实上，的确偶尔有些东西被海浪卷到岸上，不过都是些没用的。

我每日都在思考如何保障自己的安全，如果有野人或者野兽的话，如何防止它们袭击？我想出了不少办法，尤其是在住所上。我决定山洞和帐篷两个住所我都得要，至于弄成什么样子，我先不详细说。

鲁滨逊往返了大船几次？分别带走了什么东西？找一找，制作表格列举出来。

7. 孤岛上的新生活

在分装火药的两周里,我每天都会带着枪出门,一是散心,二是弄点吃的,顺便也可以了解一下这个岛上的情况。第一次外出我就收获很大,我发现这里竟然有很多山羊。不过这也不完全算完美的事情,因为山羊虽胆小却很狡猾,奔跑速度又快,很难打中。但我不甘心,还是想方设法打到了一只。我发现了山羊经常出没的地方,就在那里伏击。我观察到如果我在山谷里,即使它们在远处的山岩上吃草,也会注意到我。一旦我有什么行动,它们就会立刻逃窜。如果它们在山谷里吃草,我站在高高的山岩上,它们就不会发现我。我觉得这大概由于山羊的眼睛生得特殊,只适合向下看,不大适合向上看吧。因此,我就提前爬到山岩上去,从上面瞄准山羊。山羊在吃草,很容易打中。我第一次打中的是一只在哺乳的母山羊,打死母山羊之后,小山羊傻乎乎地站在那里,不知道逃跑。等我扛着母羊回来的时候,那只小山羊也跟着我回来了。我把小山羊也弄到栅栏里,想把它养大,但是它不肯吃东西,无奈之下,我还是把它杀了。这两只山羊我吃了好久,我得尽量吃肉以节省粮食,尤其是面包。

> 细节描写:鲁滨逊通过仔细观察发现了捕猎的技巧。

住的地方总算弄好了。我还想弄一个生火的地方,还得弄些干柴,还得扩大岩洞,还得……不过这些以后再说吧。我现在先谈谈我自己,是的,生活一下子发生了翻天覆地的变化。你们可以想象,我有多少感触。

7. 孤岛上的新生活

　　我觉得我已经看不到未来有什么希望了。因为我是被暴风吹到这里的，我们的船远远地偏离了正常的航线，这里不可能有什么船经过。也许这就是上帝的安排，让我孤苦伶仃地在这里度过一生了。想到这里我不禁泪流满面，我不禁要问，上帝为什么要折磨自己所创造的生灵，让他如此孤独寂寞呢？在这样荒凉的环境中，我怎么可能会觉得生活对于我们来说是一种恩赐呢？

心理描写：这一系列的问句，表现出鲁滨逊此刻的无助与孤独，也表达了他内心强烈的不满。

　　可是，有时候，又有一种想法浮现在我的脑海里，责备我不应该这样消极。那天，我带着枪，一边散步，一边思考自己现在的处境。这时理智告诉我，虽然我现在是一个人，但我应该想想那些葬身大海的伙伴们，为什么其他人都死了，唯独留我一个人？是一个人活在这个岛上好呢，还是跟着他们一起死去好呢？我现在衣食充足，已经算不错的了。我不仅有枪，有弹药，有工具，还有被褥和衣服，而且这些都相当充裕，足够保证我一生不至于挨饿受冻。

转折：鲁滨逊学会了理性分析得失，由最初的绝望开始逐渐振作起来。

　　现在我过着孤独而忧郁的生活，这种生活全世界也许只有我一个人在过。因此，我决定按照时间顺序详细记录我的生活。我判断我应该是9月30日来到这个岛上的，当时是秋分日之后，太阳在正上空，我大概在北纬二十二度的地方。

　　在岛上待了十一二天之后，我突然想到，我没有纸和笔，如此一来，我很难记准时间，甚至分不清工作日和安息日。因此，我便用刀子在一根方柱子上用大写字母刻上了这句话："1659年9月30日，我在此上岸。"我把这个大方柱子插到了我上岸的地方。

旅途中的大逆转

我每天用刀在这个方柱子的四边划一个小凹口，每到安息日就划长一倍的凹口，每月初一又划更长一倍的凹口。这样，我就不至于忘记日期了。

在这里，我有必要再跟大家梳理一遍我从船上带下来的东西，虽然有些东西不怎么值钱，但是非常有用。之前我已经提到过很多物品，那些纸、笔、墨水，还有船长、大副、木匠所留下来的东西，比如三四个罗盘、一些计算或者观察的仪器（望远镜）、地图和一些航海书籍。在搬运这些东西的时候，我也没思考它们有没有用，就通通都弄来了。还有几本葡萄牙书籍等，这些书我都很妥善地保存起来。还有一件事忘了告诉大家，船上还有两只猫和一条狗。至于它们的离奇经历，我以后再跟大家说，它们也都跟着我上了岸。尤其是那条狗，在我第一次去搬东西时，它就跟着我回来了。在以后很多年里，它一直跟着我。后来我在大船上找到了纸、笔、墨水，但是我舍不得用。如果有足够的墨水，我能把我的经历更详细地记下来，可是如果没有墨水，我就记不下来了，因为我不会制作墨水。

缺墨水的事情让我意识到，虽然我现在有很多东西，但实际上还是缺很多东西。比如挖土的铲子、铲土的铁锹之类的，还有一些针线等生活用品也没有。至于内衣、内裤，虽然也没有，不过我很快习惯了。

没有合适的工具，我的工作进展得很慢。等我把栅栏等都弄好，差不多已经一年过去了。比如砍木桩这件事，我只能到森林里去选那些我自己能搬得动的砍，连砍带削差不多要耽误我两天时间。到了第三天，我才能把这个木桩插到地里。插木桩这件事也不容易，开始我用了一块大石头打木桩，后来我发现可以用起货用的铁棒，但即

> 鲁滨逊艰难地生存了一年多，想一想，他会遇到哪些困难？又是如何解决的呢？

使用铁棒，把那么大的木桩插入地里也是非常不容易的。

当然，我其实有足够的时间。除了弄这些栅栏之类的活，我也没什么可干的，所以工作不容易也不需要太介意。除了这个工作，每天在这里乱逛逛，弄点食物是我唯一的任务了。

考虑到自己的处境，我决定把自己每天的所见所闻记录下来。当然我并不是为了给别人看，因为我确信压根不会有人来这里。我写这些东西只是为了抒发心中的情感，每天自己看看，打发时间。现在我已经不那么灰心丧气了。我总是给自己分析当前处境的利与弊来宽慰自己。我想到一个不错的主意，我把自己的幸运和不幸都一一罗列出来。

不幸
　　流落荒岛，没有希望
　　唯我独存，生活困苦
　　处境危险，时时抵御野人或者野兽袭击
　　没人交流，孤独寂寞

幸运
　　一船之人，唯我独存
　　上帝既然暂且留我生活在世上，必会帮我摆脱困境
　　荒芜之地，好在粮食充足
　　地处热带，不需要太多衣服
　　目前尚未见到什么凶猛野兽
　　上帝把载满货物的大船送到岸边，使我得到许多生活必需品，让我生活不至于过于艰难

总之，虽然我现在简直是世界上最悲惨的人，但即便这

> 在近一年的成长中，你经历了哪些不幸？又有哪些幸运的地方？试着像鲁滨逊一样罗列出来吧！

旅途中的大逆转

样，上帝还是很眷顾我的。我希望其他人能从我的经历中吸取教训：即使身处不幸，也要努力发现幸运之处。

列了这个表格之后，我倒是对自己的处境并不那么伤心了，也不整天对着大海翘首企盼，希望有船经过了。我开始转向眼下，做些实在的事情，我要筹划怎么过日子，并且尽可能地让自己的日子过得更好。

前面我提到过我现在住在岩壁下的帐篷里，帐篷四周有高高的木桩和绳索围成的栅栏，我又在栅栏外用草皮堆成两英尺高的墙，现在栅栏可以称为围墙了。围墙和岩壁之间我还搭建了屋椽，把树枝和其他能挡雨的东西都盖在上面，因为这里经常下大雨。

前面我还提到过，我把一些东西都存到了从那个岩壁上凿出来的山洞里，但是东西太杂乱，山洞又小，在里面我简直没有落脚的地方。于是，我又开始继续挖，努力扩大岩洞的空间。好在这里是沙石头，比较容易挖。现在围墙已经足够坚固，能够防止野兽的侵袭了。因此，我就把洞向右挖了一段，然后又拐弯向右挖，直接把岩壁凿穿，通到围墙的外面去。这样，这个洞也可以作为我回家的后门，同时能储存更多的东西。

现在，我要开始做一些必要的家具了，比如桌、椅、板凳。不然，我简直没法享受最基本的生活乐趣，连吃饭、写字都没个地方。

说到做家具，我想强调一下，如果我们能对一切事物进行分析与比较，那么每个人都可以掌握任何他想掌握的技艺。我之前从未自己制造过什么东西，但是时间长了，我发现凭借着我的勤劳、肯干，还有发明与设计的灵感，我能制造很多东西，如果有适当的工具的话。当然，我并没有多少工具，不过也制造了很多东西,有时候制造一件东西仅仅需要一把斧头。我想没有人会像我这样凭借这样简陋的条件制造东西,也没有人会像我这样为每一样东西付出如此多的劳动。

拿最简单的来说,做块木板。我先找到合适的树并将其砍倒,再用斧头把树两面削平,然后用斧头慢慢刮光。用这样的笨方法,无论多高大的树都只能做成一块木板,但那又有什么办法呢?反正我现在的时间和劳动是不值钱的,我有足够的耐心做一块块的木板。

我把从船上运回来的几块小木板做成了一张桌子和一把椅子。后来我又做了些长木板,在山洞里搭了几层木架,把工具、铁器及其他东西整齐地放在上面,还在墙上钉了些钉子,用来挂枪等物品,非常方便。

假如现在有人看到我的山洞,肯定误以为是个军火库,里面什么都有,而且分门别类,排列整齐。看到这些,我心里感到骄傲。

如今,我把每天做的事情都记在日记里。前阵子,我天天忙碌,心绪不宁,日记也写得毫无趣味。比如这一篇:"9月30日,我没淹死在大海里,跑到岸上,吐了一肚子海水才醒过来。这时我没有感谢上帝还留我这条性命,反而像疯子一样在岸上手舞足蹈,大声叫嚷着自己的不幸,不断地哀号着'完了,完了!',直到累瘫在地上,可是我不敢在地上睡,害怕野兽把我吃了。"即便是几天后我把船上的东西都弄到岸上之后,我每天还是到山顶去,希望能看到什么船经过。有时候太过盼望船出现了,以至于我都出现了幻觉,感觉似乎在海上很远的地方看到了船帆,于是我兴奋得不得了,以为自己马上得救了,我死死地

> 动作描写:写出了鲁滨逊的痛苦与挣扎,很有画面感,令读者共情。

旅途中的大逆转

盯着那个船帆，它却消失不见了。我绝望地跌在地上，号啕大哭。这样愚蠢的行为，让我的生活更加悲哀。

> 前后照应：照应前面提到的，他不会制作墨水。

充满悲伤的生活还是过去了，我为我的新家劳作，后来又制作家具，每样东西都弄得很有条理，之后我便开始写日记了。不过在这里不得不提一件不幸的事，后来我的墨水用光了，就终止了记录。

1659年9月30日，我这个不幸的人——鲁滨逊·克罗索，在海上遭遇了风暴，大船沉没，流落孤岛，我暂且叫它绝望岛吧。一船人除我之外，全都葬身大海。

一整天，我都在想我的悲惨处境，我悲痛欲绝。没有吃的，没有住的，没有穿的，没有武器，也没有希望。我唯一看到的只有一条死路，或者命丧野人之手，或者命丧野兽之口，或者活活饿死。夜幕来临，因为担心被野兽吃掉，我不得不爬到树上睡觉，虽然一整夜都在下雨，但是我睡得很好。

10月1日，醒来时，我发现大船被海水冲到了离岸不远的地方，这让我很惊喜。这船竟然没有被风浪击碎，我想等天气好的时候就快点过去弄些食物来，但一看到大船我便想起死去的伙伴，这又让我痛苦不已。我想，如果当时我们能留在大船上，他们也许不会被淹死。如果他们都不死，我们可以把大船剩下的部分改造成一条小点的船，这样我们还是可以乘船到别的地方去。今天我脑袋里总是充满了这样的想法，后来我游到大船那里，上了船。今天下了一天的雨，不过好在没有风。

10月1日到24日，我基本每天都要到船上搜罗一遍，把能搬的东西都用木筏搬到岸上来。这几天一直下雨，也许这里正处于雨季。

10月20日，载货的木筏翻了，上面的货也都沉到了水里，

旅途中的大逆转

7. 孤岛上的新生活

好在那个地方水浅，而且掉进水里的都是些铁器，并没有被冲走。退潮的时候，我又一点点地把东西弄了上来。

10月25日，雨下了一天一夜，而且还刮风，风很大，竟然把船吹散了架，退潮的时候大船零散地漂在海上，已经残破不堪了。今天，我把东西都存放好，以免被雨水弄潮了。

10月26日，我一直担心我的安全，生怕被野兽或者野人袭击。今天我在岛上寻找了很久，傍晚时终于找到一个比较适合居住的地方。那是个山岩下的一片草地，我靠着山岩画了个半圆，沿着半圆插了两排木桩，又盘上绳索加固，外面再用草皮筑了两英尺高的平台，做成我的围墙。

动作描写：鲁滨逊搭建了临时住所，体现了他的勤劳与智慧。

10月26日到30日，我整天忙碌着，把货物搬到这个新住址，这几天也偶尔下雨。

10月31日，早晨我带着枪出门了，想去找点吃的，顺便观察一下整个岛的环境。我猎杀到一只母羊，小羊也跟着我回来了，因为小羊总是不肯吃东西，我也把它杀了。

11月1日，我开始搭帐篷，帐篷我尽量弄得大些，且里面还用几根木桩撑起来一张吊床。今天我是在帐篷的吊床上睡的。

11月2日，我把不用的箱子、木板，还有之前做木筏的各种木料都沿着栅栏内侧堆好，形成临时性的围墙，以保证我的安全。

11月3日，我又带着枪出去打猎，这次收获了两只猎物，长得有点像野鸭，肉非常可口。下午我着手做桌子。

11月4日，早晨我就开始制订我的作息表，安排我工作的行程，什么时候出去打猎，什么时间睡觉，什么时间玩。我的计划如下：早晨，如果天气好就出去打猎两三个小时，回来后

旅途中的大逆转

> 经过一个多月的探索，鲁滨逊已逐渐熟悉环境，接受现实。

继续干点家里的活，干到十一点左右，之后吃午饭。十二点开始午睡两个小时。因为正午天气炎热，所以只能下午工作。今明两天我主要做桌子，目前我的木工做得还不好，做东西费时费力。但是我相信不久我就会熟练起来，所有事情都是需要锻炼的，当然这也是被逼无奈。我相信换作其他人，在这种处境下也能做好。

11月5日，早晨我带着枪出去，顺便也让我的狗跟着了。打到一只野猫，肉完全没法吃，但是皮毛很软。不管打到什么动物，我都把皮毛存好。在海边遇到许多叫不出名字的水鸟，竟然还有两头海豹，这太让我意外了。我看到它们的时候都惊讶得一时没想起它们的名字，一转眼它们就逃到大海里去了。

> 细节描写：表现鲁滨逊是一个精益求精、追求品质的人。

11月6日，早晨我外出了一趟，回来之后又开始弄桌子，好歹完成了，但样子实在丑得我都不能忍受，没办法，我又努力修整了一遍。

11月7日，天气晴朗，从这天一直到12日，除了11日外，我都在做椅子，真是费劲，好不容易弄成椅子的形状，但是太差了。于是我不断地拆了重做，来来回回折腾了好几次。

11月13日，下雨，天气凉快。但是电闪雷鸣得甚是吓人。我担心火药被雷电引爆。雨一停，我就忙活着把火药分成很多份，包成许多包，防止出现什么意外。

11月14日到16日，这三天我做了许多小木匣子，大概能盛放两磅火药。我把装着火药的匣子存好。其中一天我出去狩猎的时候捕到一只大鸟，它属于我不认识的鸟类，不过味道倒是不错。

7. 孤岛上的新生活

11月17日，我今天准备开始扩大我岩壁上的山洞了，之前挖的山洞太小了，存不了多少东西。

附记：挖洞我得用三种工具，即鹤嘴锄、铲子、拖运碎石的推车或者箩筐之类的。所以我还是得先搞定工具。我把大船上的起货钩当鹤嘴锄竟然也勉强可以，就是有些重。我暂时想不出什么办法弄铲子，可是没有铲子，工作根本没办法开展。

11月18日，我去树林里找找有没有可用的材料，竟然发现了一种像巴西铁树一样的树。这种树很结实，斧头都差点砍坏了，我才砍下那么一小块，这种木头特别沉，拖回家把我累坏了。

> 侧面描写：衬托出树的坚硬和结实。

这种木头特别重，但是我没有其他合适的材料可用，只好用它来做铲子。我费力地把它削成了一个英国铲子的形状，不过毕竟是木头的，没有铁铲那么耐用。我想世界上绝对没有一把跟它一样的铲子了，当然，更没有一把铲子的制作时间能跟这把铲子相比。

> 除了材质与制作方法不同，鲁滨逊还付出了许多心血，所以这把铲子格外不同。

剩下的只有运送碎石的工具了。箩筐我是不会做的，现在我还没在这里发现什么细软的藤条或者树枝。但是推车，除了轮子，其他部件我还是能做出来的。这个轮子，我真的不知道该如何做。还有那个轮轴更是复杂，难以完成。想了半天，我放弃了推车。最终我还是用木头做原料，做了一个簸箕形状的东西。

做簸箕倒是不太难，但是做铲子和簸箕，包括琢磨做推车后来又放弃等，又耗费了我四天的时间。当然这四天里，我还是每天早晨出去狩猎，每天都有收获。

11月23日，扩大山洞的前期准备工作终于完成了。我又

旅途中的大逆转

开始开凿我的山洞,只要有时间和力气,我就会不停地工作,整整十八天时间,我终于把岩洞弄得不错了,存放东西相当方便。

> 叙述:在荒岛上的日子依然给自己制订了计划,并认真实施,这样的毅力,是鲁滨逊存活下来的重要原因之一。

附记:这阵子我一直忙活我的岩洞。现在这个山洞看起来像个军火库,当然也是我的储藏室兼厨房。

我现在基本都睡在帐篷的吊床上,但是雨大的时候,帐篷有些漏水,我只得睡在岩洞里。所以,我又在栅栏和岩洞之间,其实就是我的院子,架上树枝弄成屋椽,又铺上草和大树叶,院子俨然成了一个茅草屋。

12月10日,我的岩洞竟然塌方了,大概是洞太大了,上面和侧面的泥土竟然坍塌下来,坍塌的泥土简直能把人活埋。幸好当时我没有睡在这里,如果当时睡在这里的话,这岩洞岂不成我给自己挖的墓穴了。这让我很担心,这件事发生之后,

> 转折:危险与转机时刻都在鲁滨逊的身边发生着。

我的新工作又来了。我先得把这些泥土运出去,然后还得给岩洞加天花板,用大圆柱子顶住天花板,防止岩洞再次塌方。

12月11日,按照昨天的想法,我今天弄了两根结实的柱子和四块大木板,把两块木板交叉安到洞顶,然后将柱子顶在木板交叉的地方。今天我只做了这些。但是洞还是不够牢固,还得继续加固。

12月17日到20日,我钉了些木板在墙洞上,当作货架。还钉了些钉子以便挂东西。现在洞里井然有序。

12月20日,我把家当都搬到了山洞里,又搭了架子盛放食物,还做了张桌子。我已经基本没什么木板可用了。

12月24日，一天一夜的大雨害得我没法出门。

12月25日，又是一天一夜的雨。

12月26日，天终于晴了，非常凉爽。

12月27日，我出门狩猎，打死了一只小山羊，打瘸了另一只小山羊的腿，瘸腿小山羊被我抓住，弄了回去。到家后，我用两个木板固定了小山羊的断腿。

附记：经过我的细心照料，瘸腿的小山羊竟然活得很好，腿也恢复了，看起来很健壮，由于每天都能跟我接触，小山羊很依恋我，每天乖乖地在我门前的草地上吃草，从不走远。这倒让我有了个新的想法，我可以自己喂养一些可以驯服的动物，万一我的子弹用完了，也能有肉吃。

12月28日到30日，酷热难当，白天我只能躲在家里收拾东西，到太阳落山才出去狩猎。

1月1日，天气还是很热，我早晨和傍晚外出，中午在家睡觉。傍晚的时候，我去了孤岛中的深谷，在那里竟然发现了很多山羊，不过它们都很警惕，我想下次带着狗来试试运气。

1月2日，我带着狗去山谷，试着让狗追赶山羊，但是这主意似乎有些糟糕，那些山羊竟然不怕狗，还跟狗打了起来。狗竟然害怕它们，不敢接近它们。

1月3日，我还是有些担心遭受野兽的袭击，于是又加固了一下我的围墙。

附记：前面我已经提过这件事，在此就不再多说了。这里只补充一下：从1月3日到4月14日，我都在加固我的围墙，把它弄得尽量坚固些。围墙是之前我画的那个半圆的形状，以岩壁为直径，呈一个半圆的形状。

尽管总是下雨，耽误了我的工作进程，但是我还是抓住一切时间工作。我觉得墙如果不够坚固，住在里面就会缺乏安全

旅途中的大逆转

> 初到岛时，鲁滨逊每天都渴望有人发现并带他离开这里，现在他已适应了孤岛生活。

感。每项工作所花费的精力都远远超出我的想象。尤其是那个木桩，因为我弄得太大了，太费劲了。栅栏弄好之后，我又在墙外糊了一层草皮泥。这层草皮泥很好地伪装了我的住所。我想即便有人来到岛上，也不会轻易发现我的住所。后来事实证明，我的想法是对的。

这段时间，如果雨下得不大，我就到树林里搜罗野味，每次都能有所收获，这大大改善了我的生活。尤其是一种在石穴里筑巢的鸽子，我抓了几只小鸽子养着，它们倒是很好养，只是翅膀硬了之后竟然飞走了。可能是我没有经常喂它们的缘故，但是我真的没什么粮食可以喂它们。后来我还是经常找这种鸽子的窝，弄些小鸽子来吃，味道十分好。

想一想，算一算，鲁滨逊在孤岛上生存了多久？在这期间他有哪些收获呢？你从他的身上学到了什么？

旅途中的大逆转
8. 自给自足

8. 自给自足

关于生活物品，我还缺很多，而且这些东西简直难以自制，比如水桶，之前我从船上拿到过两只小桶。现在我想自己做一只，鼓捣了几周之后，发现我依旧想不出办法安好桶底，也没办法让桶身严密得滴水不漏，忙活了很久，我还是放弃了做桶的想法。

另外，我不会做蜡烛，因此每到天黑我就只好休息。

七点左右，天就会完全黑下来。我之前有一块蜜蜡，还是从萨累的海盗船长那里拿的，现在早就被我用光了。我想到的唯一能替代蜡烛的东西就是羊油，我和了点泥巴，把泥巴捏成了碟子的形状，经过暴晒，碟子已经很结实了。我从绳子上弄了点麻捻成灯芯，放在盛着羊油的碟子里。这就是我自己做的羊油灯，不过光线差，而且不怎么稳定，但总比没有强些。

叙述：鲁滨逊很努力地改善生活条件，设法做出了照明设备。

在忙活这些琐事的时候，我不经意翻出了一个小的布袋子。我之前提过，船上喂养了些家禽，这个袋子是盛喂养家禽的稻谷的，稻谷已经被老鼠吃完了，只剩下些破碎的稻壳和老鼠屎。因为当时我急着要用这个布袋子装火药，就把袋子里面这些脏东西抖到围墙角下了。

我抖掉这些脏东西之后很快下了场大雨，我也忘记了这件事。大概过了一个月，我在墙角竟然发现了些绿芽，刚开始我并不在意，以为又是什么不认识的植物，但不久之后它们竟然

旅途中的大逆转

长出了十来个穗头,看起来应该是欧洲大麦,这太让我吃惊了。

我不是教徒,从来不会按照什么宗教的戒律约束自己,认为所有的事情都是偶然的。当我看到这些大麦的时候,我真是惊愕而困惑,这里的气候并不适合大麦生长,而且,我都不知道这些大麦是怎么长出来的,没有播种就长出了粮食。我暗自想,也许这是上帝的安排,好让我这个孤岛上的人活下来。

> 叙述:无心插柳柳成荫,鲁滨逊又一次被幸运之神眷顾了。

想到这些,我竟然感动得流泪,即便身处孤岛,我也为自己庆幸,这样罕见的事情竟然发生在我身上。更令我吃惊的是,在大麦旁边,沿着墙壁,竟然有几株其他的植物,我当然认得那是稻子,之前我在非洲的时候见过这种植物。

当时我认为这些是老天赐予我的,并且相信孤岛上还有别的地方生长着大麦和稻子,但是我走遍了整个孤岛,仔细寻找了所有的角落和岩缝,再也没有找到任何一株大麦或者稻子。这时候我才记起之前把盛放鸡饲料的袋子里的谷壳之类的东西扔在这里了。这么一想,我便不觉得惊讶了。不过对于这种意外的收获,我还是心存感激的。虽然几乎所有的谷子都被老鼠吃掉了,但还残存了十几颗,而且没有腐烂坏掉。发生这样的事情真是天意,假如当初我没有把这些东西扔在阴凉的围墙下,而是丢在了外面,那么它们肯定早已被火热的太阳晒干瘪了。我从心底里相信这是天意。

大概六月底的时候,大麦成熟了,我小心翼翼地把麦穗摘下来,没有弄掉一粒麦子,我要用这些作为种子,进行再次播种,将来我就有足够的大麦来做面包了。一直到第四年,我才舍得吃了一点自己种的粮食,后面我会详细跟大家叙述。我满怀希望进行第一次播种的时候,正好赶上了旱季,种子没有发

旅途中的大逆转

8. 自给自足

芽，有几颗种子虽然长了出来却也脆弱不堪。这都是后来的事。

那二三十株稻子我也一粒不落地收获了，以便有足够的种子播种。后来我发现稻子不仅可以烤着吃，还可以煮着吃。还是先回来看我的日记吧。

这三四个月，我每天都忙于修筑和加固围墙。到了4月30日，围墙封闭工作竣工，因为我本来就计划用梯子翻墙，所以也没必要留门。这样外人就发现不了里面有人住。

4月16日，我做了小短梯以便我翻墙进出，墙内的空间足够大，我完全可以在院子里自由活动。

围墙完成之后的第二天，发生了一次事故，差点要了我的命。当时我在山洞口干活，山洞顶上、岩壁上突然塌下来很多泥土、碎石，洞里的两根柱子也折断了，发出巨大的咔嚓声，吓得我魂不附体，不知所措。我以为又像上次一样发生了塌方，我怕被碎石打到，立刻爬上梯子翻到墙外，等到了墙外，感受到脚下地面的剧烈震动，我这才明白这是地震。几分钟内，地面震动了三次，每次都很大，靠海的一座小山的山顶岩石竟然崩塌后滚了下来，发出轰鸣般的响声，这是我这辈子听过的最恐怖的声音。这时候海面上掀起巨浪，我想海底震动得更厉害吧。

我之前没有经历过地震，甚至没有听说过关于地震的事情，所以我真是吓得不轻。当时地面晃动，摇得我胃里翻江倒海，就像晕船。海边山顶上的岩石发出的巨大声音突然提醒了

动作描写：体现了麦子的珍贵，也展现了鲁滨逊的勤劳和目光的长远。

叙述：说明修葺住所是个漫长的过程，表现了鲁滨逊勤劳和有耐心。

环境描写：说明天气恶劣，渲染了恐怖的氛围，烘托了鲁滨逊无助和害怕的心理。

旅途中的大逆转

我，我身边的这座小山也可能会坍塌，砸到我的帐篷上，压坏我所有的物品。这样一想，我心里慌了。

大地震动了三次之后，地面恢复了平静，我这才稍微不那么害怕，但还是只敢待在墙外，不知道该怎么办。正在这时，乌云突然遮住了天空，似乎要下雨了。过了一小会儿，飓风便袭来了。

只见海面上海浪叠起，猛烈地拍打着沙滩，陆地上有些树被大风卷起。这场可怕的风暴一直刮了三个小时才慢慢停下来，又过了两个小时，风停了，但是下起了暴雨。

在这整个过程中，我一直在墙外发呆，既害怕又难过。后来我突然意识到，这场暴风雨是地震带来的，地震已经过去了，我可以回到山洞了。想到这里，我心情好了点，爬过墙，躲到了帐篷里，但是雨太大，帐篷经不住那么重的雨水，我总担心帐篷会塌了，只好又跑到山洞里。

这时我发现我有必要改善一下院子，需要在墙根挖个洞，以便把里面的积水排出去，不然遇到大雨，水就会倒灌进山洞里。后来我在山洞里待了一会儿，地震没有来，我胆子大了些，跑到贮藏室喝了杯甘蔗酒。我一向舍不得喝，只有这么多，喝完就再也没有了。

大雨整整下了一天半，我没法出门。不过我现在不怎么害怕了，开始琢磨今后如何生活。我的计划是，既然岛上会发生地震，总住在山洞里就不太安全，我需要在平地上建造茅草屋，四面也须建坚固的围墙，以防野兽和野人袭击。如果继续住在山洞里，我可能随时都会在地震中死去。

> 心理描写：荒岛求生的鲁滨逊没有因为困难而退缩，而是越挫越勇，展现了极强的生存欲望。

想到这些之后，我觉得首先得把帐篷搬远点，不然再发生

旅途中的大逆转

8. 自给自足

地震，小山的岩石肯定会砸到帐篷。

4月19日和20日两天我都在筹划新家地址和如何搬家。

4月21日，我总是担心睡觉时地震会袭来，睡得一点儿也不安稳，但是如果睡到空旷的外面又没有安全感，所以我又不想搬到外面睡了。

4月22日，早晨，我开始计划搬家，但是我又遇到了工具短缺的问题。我目前有三把大斧头和许多把小斧头，这些小斧头本来是打算用来与非洲人做交易的，但是之前斧头一直是我常用的工具，所以现在基本上都有缺口了。我虽然有磨刀砂轮，但是我想了半天也不能转动砂轮来磨工具。就跟政治家考虑重大国事一样，我苦苦思索了很久，终于想到一个办法，用绳子套住砂轮，用脚转轮子，手就可以磨刀了。

> 鲁滨逊将自己看成政治家，展现了他乐观向上的生活态度。

附记：我之前并没有见过别人是如何磨刀的，即使偶尔见过，也并没有留心，虽然这种东西大街小巷都能见到。

4月28日到29日，我改造了我的磨刀砂轮，竟然很好用。

4月30日，从船上拿下来的食物已经越来越少了，我认真计划了一下，决定每天只吃一块饼干，这让我很难过。

5月1日，早晨，我发现海上的潮水退了之后，在沙滩上留下了个大木桶，走近一看，还有那艘残破不堪的大船，这些都是被大风和海浪卷来的。

我打开木桶，里面竟然是火药，因为浸水了，所以硬得跟石头一样了。我赶快把桶弄到岸上，然后又返回沙滩，试图到那艘残破的船上去看看有什么可以用的东西。

等我到了船边，竟然发现那艘船的位置发生了变化，之前船头插到了沙里，现在船头竟然高高地抬着，而船尾早已脱离

旅途中的大逆转

了船头,被海浪打烂,冲到了一边。在船尾旁边,之前有一小片水洼,需要游泳才能过去,现在水洼已经被淤泥和沙子堆满了,所以可以直接走到船尾那里。开始我还有点儿想不明白,后来猜测应该是跟上次地震有关系。由于上次的地震,这艘船更加破烂了,船上每天都会零零碎碎地散落些东西,然后被海浪卷到岸上去。

> 叙述:现在的鲁滨逊十分珍惜资源,想尽办法好好利用。

我决定把搬家的事情先缓缓,看看能不能到船上去。虽然现在船里堆满了沙子,但我还是决定把船拆了,这些零碎的部件说不定对我还是有些帮助的。

5月3日,我锯了一根船梁,船梁是用来支撑甲板的,之后我又想方设法清理泥沙,但是很快潮水上涨了,只好放弃了。

5月4日,钓了一天的鱼,但是所有的鱼我都不敢吃。我觉得好烦躁,正想回去的时候钓到了一只小海豚。通常情况下,我用一根从绞绳上拆下来的细麻丝做渔线,但是渔线上并没有拴鱼钩,不过还是经常能钓到鱼,我把能吃的鱼都晒成鱼干吃。

> 细节描写:打猎、种植、捕鱼,鲁滨逊为了生存已经学会了许多技能。

5月5日,我又锯了一根船梁,还拆了甲板上三块松木板,趁着涨潮的时候把木板拖到了岸上。

5月6日,我从船上拆下来一些铁器,累得我半死,我有点儿想放弃了。

5月7日,两根船梁锯断以后,船就彻底碎掉了,有几块木板散落开了,船舱裂开了,里面全是泥沙。

5月8日,我带着一个起货钩去了大船,把甲板上的两块木板拆了下来,趁着涨潮弄到岸上,但是我把起货钩留在了船

旅途中的大逆转
8. 自给自足

上，想着明天再用。

5月9日，我用铁钩撬开船身，探到一卷铅皮，但它太重了，我弄不动。

5月10日到14日，每天我都要到船上去弄东西，搞到了一些木材和二三百磅的铁。

> 鲁滨逊每天都往返于大船上，不断寻找有用的物品，展现了他自强不息的精神。

5月15日，我带着两把斧头上了船，想用斧头把铅皮弄下一块来，但是因为铅皮在水下一英尺多，我没法弄断它。

5月16日，刮了一夜的风，第二天我远远看见那艘船更破了，因为要到树林里打猎弄吃的，我回来时已经涨潮了，没法去船那边了。

5月17日，几块船的碎片漂到岸边，差不多离我两英里，我走过去一看，发现是船头的一块大木料，但是我搬不动。

5月24日，我这几天一直到船上干活，用起货钩撬开了些东西，涨潮的时候，竟然漂上来几只木桶和两只箱子，那箱子是水手们平时用的。因为今天的风是从陆地吹来的，因此只有几块烂木头和一桶猪肉漂到了岸上，不过猪肉已经完全没法吃了，被海水浸泡过了，还掺进去了很多沙子。

每天涨潮的时候我就出去找东西吃，退潮的时候就到船上忙活，最终我弄到了不少木板，还有很多铁器，而且我还弄到了几块铅皮，大概有一百多磅。要是我会造船的话，这些材料足够我造条小船了。

6月16日，我在海边遇到一只大鳖，这是我在这个岛上第一次遇到鳖。事实上这个岛的另一边的海岸上到处都是鳖，一天捉几百只都没问题。

6月17日，我煮了大鳖吃，在杀大鳖的时候我还从它肚子里弄出来六十颗蛋。鳖肉实在是太美味了，这大概是我这辈子

旅途中的大逆转

吃过的最美味的菜了。不过有可能是我自从来到这里，每天除了山羊和飞禽，很少能吃到其他东西的缘故。

6月18日，一天都在下雨，我没有出门。我觉得雨水太凉了，有点冷。不过我知道在这个纬度上，天气冷这种情况是很少的。

6月19日，我生病了，冻得发抖，天气真冷。

6月20日，发热和头疼让我一夜不能入睡。

6月21日，我浑身难受，生病了也没人照顾，我开始害怕死亡。我第一次祈祷，但是祈祷什么，为什么要祈祷，我自己也说不清楚，因为我大脑混乱得一塌糊涂。

6月22日，身体舒服了很多，不过还是病着，我还是觉得害怕。

6月23日，病又加重了，头痛难忍，浑身发冷。

6月24日，病似乎好多了。

叙述：鲁滨逊初次遭受如此严重的生命威胁，加重了人物的传奇色彩。

6月25日，我得了严重的疟疾，发作一次就七个小时，一会儿觉得热，一会儿觉得冷，熬了一天，终于冒汗了。

6月26日，身体舒服了一点，家里没什么可吃的，于是我带着枪去树林，但是没什么力气，幸运的是打到了一只母山羊，我吃力地把母山羊弄回家，本想喝点羊肉汤，可是没有锅，只能烤着吃了。

细节描写：岛上没有药物，鲁滨逊此刻陷入了困境。

6月27日，疟疾又犯了，而且很严重。我躺在床上一天也没有吃东西，水也没有喝一口。我的嘴巴干得要命，却没有力气去弄水。我又开始祈祷，但很快就晕过去了，醒来的时候又不知道怎么祈祷了，只好躺在床上呻吟着："求上帝保佑我吧！求上帝保佑我吧！"这样呻吟了几个小时，烧退了，我才睡着。睡到半夜感觉身体舒服了些，但还是没什么力气，我很想喝水，但家里没有水，只好熬到第二天再说。于是我又迷迷糊糊地睡着了，而且还做了个噩梦。

梦中，我一个人坐在围墙外面的地上，看见一个人从天而降，他浑身发光，从乌云中降落下来，亮光让我无法张开眼睛。那个人的面目可怕得难以形容。他落到地上的时候大地都震动了，就像地震一样。更让人害怕的是，他的身体似乎在燃烧。他一落地就朝着我走了过来，当他走近我时，用可怕的声音对我说着话，不过我只听清了一句："发生了那么多事情你都不忏悔，现在我直接杀了你。"说这句话的时候，他用手中的长矛刺向了我。这个可怕的梦吓坏了我，即便醒来之后我知道这仅仅是个梦而已，但是我脑袋里还是对刚才的情形印象深刻。

从我前面的叙述中，大家知道我已经经历了多次灾难，但是我从没有想到这是上帝的安排，也没有想到这是上帝对我违逆父母之命等行为的惩罚。当我冒着风险不顾一切地去非洲远航的时候，从没有仔细思考这样的冒险行为会有什么样的后果，也没有祈祷上帝给我指引一条正确的道路，保佑我能够化险为夷。一直以来，我都没有想到上帝，想到上帝对事情的安排。

当我被葡萄牙船长救起，并受到他公正、善良、仁慈对待的时候，我并没有去感谢上帝。后来又遭遇灾难，流落荒岛，差点淹死，我也没有意识到这是我的报应。我只觉得自己倒霉而已。

即便在大麦生长出来的时候，我曾有那么几秒钟想到上帝，但是后来我发现这并不是奇迹。

可现在我病了，身体难受，精神很差，浑身没有力气，我

旅途中的大逆转

> 心理描写：在身体极度不适的情况下，鲁滨逊只能在精神上寻求一丝慰藉。

开始反思过去的生活。在这之前，我罪孽深重，冒犯了上帝，现在上帝来惩罚我了，用这种手段来惩罚我。

这些想法在我生病的时候不断地折磨着我，因为高烧和良心的谴责，我模模糊糊地祈祷了几句。但这样的祈祷并非真诚地发自内心，只是痛苦地呻吟罢了。我思想混乱，知道自己罪孽深重，但一想到自己在这么悲惨的处境中死去，就觉得很害怕，我不安地喊着："上帝啊，可怜可怜我吧！我病了，没有一个人能够照顾我，我想我一定会死去。我该怎么做呢？"说着，我的眼泪掉了出来。

这时候我想起父亲的话。在故事刚开始的时候，我就跟大家说过，我的父亲曾经劝我留在家里，不航海远游，他就会让我过着富裕的生活，过着舒适的日子。现在我这个既可怜又孤独的病人，没人照顾，没人安慰，没人给我忠告。一想到这里，我绝望地大喊："上帝啊，救救我吧，我已经无路可走！"这么多年以来，这是我第一次祈祷，当然如果这也算的话。现在我们先回到日记上来吧。

> 语言描写：表现出鲁滨逊陷入绝境的痛苦、无助。

6月28日，我睡了一晚上，感觉好多了，高烧也退了，就起床活动了。不过想到之前做的噩梦，我心里还是有些害怕。担心旧病复发，我想我还是趁身体舒服抓紧准备些东西，以备生病的时候吃和喝。我在船头放了一个大方瓶，装满水，怕只喝水太凉，就掺了点甘蔗酒进去。我又烤了一块羊肉，但没什么胃口，只吃了一点。我四处逛了逛，感觉浑身还是没有力气。

眼下自己的处境真是可怜，又怕明天再犯病，于是心里更加难过。晚上我烤了三个大鳖的蛋吃。吃过了这几个蛋之后，

068

旅途中的大逆转
8. 自给自足

我想再出去逛逛，可是我连拿枪的力气都没有，只走了几步便瘫在地上，看着眼前的大海，我思绪万千。

这片陆地、这片海洋，我每天都能看到，可它们到底是什么呢？来自哪里呢？我们这些生活在上面的生灵又是什么呢？

显然，是上帝创造了这一切。既然是上帝创造了这一切，那么他必然会支配这一切，有创造万物的力量就必然有支配万物的力量。这么说来，无论发生什么事情，上帝都是知晓的，因为那都是上帝的安排。既然这样，上帝一定知道我流落孤岛，孤独地生着病。既然所有的一切都是上帝安排的，那么这些苦难、这些疾病也一定都是上帝的安排。

我觉得我的推理是正确的，上帝对于我和其他事物都是有支配权的，但是转过来一想："我为什么被上帝这样对待，我是不是做错了什么？"我的良心立刻谴责我："反思一下你一生的罪恶吧！你什么坏事没有做过呢？你应该问问自己：为什么没有在第一次航海的风暴中死去？为什么没有被海盗杀死？为什么没有被野兽吃掉？为什么没有跟其他人一样在这孤岛附近葬身大海？为什么只有你一个人还活着？"想到这些，我有些惊愕，不知道该怎么辩驳，我忧愁地回到了住处。

可是我内心烦乱，根本不能入睡，我怕醒来又犯了疟疾，这时我想起巴西人总是用烟叶治病。于是去拿了点烟叶，毫无疑问，这是上帝对我的指引，是上帝支配着我的行动。因为在盛放烟叶的箱子里，我不仅找到了治疗我肉体的药，还找到了治疗我精神的药。箱子里有几本书，其中有一本《圣经》，之前我一直没有工夫去读，现在我把它和烟叶一起拿了出来。

读《圣经》体现了鲁滨逊的精神追求。

我只知道巴西人用烟叶治病，但是并不知道如何治，我先

旅途中的大逆转

嚼了几口烟叶,强烈的味道差点把我熏晕了,因为我平常从来没有吸过烟。后来我用酒泡了点烟叶,当药酒喝了下去,后来还放了点烟叶在炭火盆里,并使劲地把它燃烧的气体吸进去。我想,多试几种办法,总有一种办法会管用的。

鲁滨逊寻求精神力量,给予自己战胜疾病的勇气。

做这些事情的时候我开始读《圣经》,因为烟叶弄得我头晕,我觉得自己无法集中精力,就随便打开了书,看到的第一个句子便是"若你于危难之中呼唤我,我必来拯救你,而你需要赞颂我"。对于我现在的处境,这句话简直太合适了。

至于拯救,我并没有想太多,在这个孤岛上,我能够被拯救的可能性太小了。我问自己:上帝能把我从这么遥远、荒芜的地方救出去吗?因为我被救出孤岛是很多年以后的事情,所以这个疑问一直在我的脑海里。即便这样,我还是经常回味这句话。

烟味让我头脑昏沉,我想睡觉了。临睡觉之前,我做了一次祈祷:我跪下来祈祷上帝,请求他,如果我在危难之中呼唤他,请他务必来拯救我。祈祷结束之后,我就昏昏沉沉地睡过去了,第二天下午三点我才醒过来。但是在写这篇日记的时候,我又开始怀疑这个日子是否准确,因为几年后,我发现在自己记的日记中,这一周少了一天。也许我是在第三天的下午才醒过来的。不过幸运的是,等我醒来的时候,身体已经恢复健康了,我浑身很有力气,而且非常想吃东西。

6月29日,我的疟疾没有犯,身体很好。

6月30日,身体恢复得更好了,我带枪外出,猎到了一两只海鸟,但是我不大想吃肉,所以又煮了两个鳖蛋吃。晚上我又喝了点泡了烟叶的酒,因为我觉得似乎是药酒对我的疾病起了疗效，所以今天我只喝了药酒。

7月1日，身体感觉有点冷，不过不厉害。

7月2日，我又喝了药酒，而且喝得很多。

7月3日，病好了，不过力气还是没有恢复。我常常想起《圣经》中的话："我必来拯救你。"但是我对得到拯救不抱任何希望，正觉得灰心时，突然意识到，我总是想着上帝把我从孤岛中救出去，却没想到上帝已经把我从疾病中救了出来。难道这不算一个奇迹吗？

7月4日，早晨我读了一会儿《圣经》，这次我是非常认真地读，我决定每天早晚都要读，并坚持读下去。现在我对"我必来拯救你"有了新的理解，我之前以为拯救是把我救出孤岛，但是现在我发现拯救的另一种意义，即把我从过去罪恶的生活中拯救出来。与灵魂相比，肉体是否获得救赎无关紧要，真正的幸福是上帝把你从精神的罪恶中拯救出来。

> 鲁滨逊的精神信仰给了他莫大的力量，让他更加强大。

我当时虽然生活困苦，但是精神需求得到了满足。由于每日诵读《圣经》并祈祷，我得到了慰藉，思想变得高尚，而且身体恢复得非常好。

现在我们还是回到日记上来吧。

7月4日到14日，这几日我主要带枪出去活动，到处走动一下，像其他大病初愈者一样，我走走停停，每次走得更远。不得不提的是，虽然我用烟叶泡酒治好了我的疟疾，但是我可不想把这个方法推荐给其他人，因为这以后的很长一段时间里，我的四肢和神经还总是抽搐。

病好之后，我得出了一个教训：雨季外出容易生病，尤其是有暴风雨的时候。

旅途中的大逆转

在这个孤岛上我已经生活了十个月，我觉得自己几乎没有被救出去的可能了。现在我确信，到目前为止，我是岛上第一个，也是唯一一个人。我已经弄好了我住的地方，现在我想更加深入地了解一下这个岛，看看有没有之前我没发现的新鲜东西。

鲁滨逊在病痛中反思了许多事情，回忆了许多人，有船长、伙伴、父母……你觉得他最思念谁？你会对他说些什么呢？

9. 环游全岛

7月15日，我勘察小岛的工作正式开始，我先去了小河，沿着小河走了大概两英里，发现潮水只能涨到这里。原来这只是一条小溪，溪水甘甜，现在正值旱季，小溪有些地方已经干涸。

小溪尽头是绿油油的草地，长着各种我不认识的植物。我想找可以用来做面包的木薯。我发现了很多芦荟，不过我当时也不知道芦荟有什么用处。我还发现了一些野生甘蔗，但是野生甘蔗的味道并不好。我觉得这次勘察收获不少，回来的路上我就开始琢磨如何利用新发现的这些东西，不过一个好主意也没有。

7月16日，我还是沿着昨天的路继续走，走过小溪和草地，遇到一片茂密的树林，里面有不少水果，地上也有不少，我发现了葡萄，又大又红，密密麻麻地挂在葡萄藤上，这简直太让人高兴了。之前我见过几个奴隶因为贪吃了太多葡萄而生痢疾死了，所以我并没有多吃，并且想到了个更好的主意，我要把这些葡萄晒成葡萄干，这样既有营养又可口。当天晚上，我就在生长葡萄的地方过夜了。我还是采用了老办法——爬到大树上睡了一夜。第二天一大早我又接着进行勘察，我沿着山谷向北走了四英里，南面和北面都是绵延的山脉。

> 平铺直叙：借用前人的经验，明白不能贪心，要用智慧生存。

旅途中的大逆转

后来我到了一个地势有些倾斜的开阔地，一湾溪水从上面缓缓流下，眼前的景象令人陶醉，清脆碧绿的草地，生机勃勃的树木，美不胜收。我又发现了椰子树、橘子树、柠檬树、橙子树，不过因为都是野生的，并没有结几个果子，但是酸橙非常好吃，清爽提神。我采了很多水果，堆放到我回去的路上。

心理描写：病愈后的鲁滨逊意识到防患于未然的重要性，尽量多储存食物。

现在我得弄一些水果回家了，我采集了些葡萄、酸橙和柠檬，这些我可以存着到即将来临的雨季吃。我只拿了一点，我想回去之后我一定得带个袋子什么的，把剩下的也带回去。

可是路上我整整花了三天时间，还没到家，葡萄就已经烂掉了。葡萄水分太多了，一路上又被挤压，现在已经烂成糨糊了，只剩下几颗还算完好的，勉强能吃。不过酸橙保存得倒是挺好。

7月19日，我拿着两个袋子又返回去了，令我惊讶的是，我那几堆之前摘好的水果已经被糟蹋得不像样子了，有的似乎被吃了，有的被拖到旁边去了。看来这附近有野兽，但是我也判断不出是什么野兽做的。

现在我发现，把葡萄采集、堆积起来会被野兽吃掉，运回去会被压坏。我想到了一个别的主意，我把葡萄摘下来挂在树上，让葡萄在树上晒干。这样我就用袋子带些酸橙和柠檬回去。

这次回来之后，我常常想起这个山谷，我意识到我所住的地方似乎是整个岛上最差的了。现在我又开始考虑换个地方住了，那个山谷实在是太诱人了。但是回过头来一想，我这个地方还是有好处的，至少可以看到海，也许有一天，会有像我一样的倒霉蛋不幸流落到这个孤岛上。虽然这种事情发生的可能

性很小，但是如果我搬到山谷中去，无异于把自己封闭了起来，这样的话我获救的可能性完全为零了。

家还是不搬了，但是整个七月，我还是常常去那里，并且决定在那里弄个简陋的小房子，房子周围打上跟我差不多高的木桩。这个房子看起来挺安全，我很愿意在这里住，有时候一连住几天才回去，当然这个栅栏也是全封闭的，我靠着梯子翻墙。我想，现在我既有海边住宅，又有乡间住宅。

心理描写：苦中作乐，表现了主人公积极乐观的人生态度。

乡间住宅一直到八月初才彻底建好。新居的围墙刚弄好，我准备好好享受的时候就开始下大雨了。我被困在海边的住宅里，在新住宅那边，我也用帆布搭了遮雨的帐篷，相当牢固。只是新居那儿没有山可以挡风，雨下得过大时也没有山洞可以躲。

8月3日，挂在树上的葡萄干基本已经晒干了，我收了下来。差不多有两百来串，每一串上的葡萄都很大，我把大部分葡萄干都储存到山洞里，这些葡萄干成了我雨季的主要食物之一。幸好我及时收了葡萄干，因为雨季来了。从八月中旬到十月中旬，这里基本每天都下雨。

在雨季，我家里突然多了几个成员，之前我提到从大船上带回来两只猫，但后来有一只不见了，我也不知道它到底去哪里了，是否还活着，心里一直惦记着。没想到八月底的时候，它竟然带着三只小猫突然回来了。令我惊讶的是，这三只小猫是家猫，跟大猫完全一样，但是我很纳闷：它们是怎么出生的呢？从船上带下来的两只都是母猫，虽然岛上也有野猫，我也打死过一只，但那种野猫完全是另一种品种，与这种欧洲家猫完全不一样。后来这三只小猫又繁衍了后代，闹得不行，我只得把它们赶出去了。

旅途中的大逆转

8月14日到26日，因为下雨，我没法出门，现在我不敢冒雨外出了，整天躲在屋子里，可以吃的东西越来越少。我冒险出去两次，一次猎到一只山羊，一次找到一只大鳖。我每天早晨吃一串葡萄干，中午吃烤羊肉或者烤鳖，因为没有锅，所以我没法煮或者蒸东西吃，晚上则吃两三个鳖蛋。

这期间，我的工作就是扩大山洞，我把洞向另一边延伸，一直延伸到了围墙外，这样洞口就可以作为边门和进出口了。可是这样顺利地进出山洞让我觉得不怎么安全，因为这之前，我都是把自己严严实实地围起来的。当然，到目前为止，我在这座岛上发现的最大的野兽也不过是山羊而已。

> 叙述：只有时刻注意安全防范，才能在孤岛上生存下来。

9月13日，我计算了一下，我来荒岛已经365天了。我决定把这个不幸的日子定为斋戒日。从早晨开始，我就坚持不吃东西，直到太阳落山后，我才吃了几块饼干和一串葡萄干。

我很久没有区分安息日和工作日了。最初，我忘记把安息日刻成长一倍的凹痕来区别了，现在我又重新算了一下，发现自己有一两天忘了刻凹痕。再不久，我的墨水就要用光了，我只能尽量节省，非大事不记，琐事就一概不记了。

我开始总结雨季和旱季的时间，并为此做好准备。总结的过程并不顺利，之前我提到过，我第一次收获了几十颗大麦和稻子的种子。当时雨季似乎过去了，太阳正向南移动，我以为到了播种的时间，于是就用木铲将一块地挖松，想把这些种子种下去，幸好我临时想起来，不能冒险，因为万一此时不适宜种植，努力就全白费了。最终我只种了三分之二的种子，结果这些种子一颗都没有长出来，因为一连几个月也没下雨，直到雨季的时候，这些种子才发芽。

9. 环游全岛

　　第一次播种之后，我发现种子很久都没有发芽，便断定是水分不足的缘故，因此在春分前几天，我找了块潮湿的地，把剩下的种子都种了进去。很快迎来了三四月的雨季，雨水很充足，庄稼也长得很好，只是因为种子太少了，所以也没多少收获。

　　这次试验之后，在种田方面我就很有经验了，知道什么时候播种最适宜，现在我已经能一年播种两次，收获两次了。

> 叙述：在多次播种试验后，鲁滨逊掌握了种植技巧，解决了播种问题。

　　大概在十一月的时候，雨季过去了，我已经有几个月没有去乡间的住宅了，因此决定过去看看。没想到，我修建的房子不但完好无损，而且那些木桩竟然都发芽了，长出来很多枝条，像柳树一样。我不认识这些是什么树，只是觉得非常开心。我把枝条修剪整齐，三年后，这些树长得非常好看，即便是旱季，整个院子也被这些树包围和遮盖着，非常凉爽。这启发了我，我完全可以在海边住宅的外面也栽一排树来遮阳。很快我在围墙外八码的地方种了两排树，很快我的围墙就被这些树的枝条挡住了，我的住所显得更隐蔽了。

> 细节描写：鲁滨逊敢想敢做，思虑周全。

　　现在我明白这里一年只有雨季和旱季两个季节。从二月中旬开始一直到四月中旬，太阳在赤道附近，雨水比较多。四月中旬以后到八月中旬是旱季。八月中旬到十月中旬又是雨季，十月中旬到来年的二月中旬又是旱季。当然这不过是我的个人总结。

　　经验告诉我，淋雨会得病。因此，我必须在旱季的时候储备好粮食，这样雨季我就可以待在家里，不必淋雨。

　　雨季的时候我主要在家工作，家里实际上还有很多工作要

旅途中的大逆转

> **平铺直叙：** 经过一年的磨练，鲁滨逊总结出了宝贵的生存经验。

做，尤其是要制作一些生活用具。我曾经试图编一个箩筐，但是我找到的枝条的柔软度不够。小时候，我经常看到街上有人编箩筐或者篮子之类的东西，小孩子爱看热闹，不仅认真看，有时候还过去摸上两把，所以我是会编箩筐的，只是没有找到合适的材料。我突然想起建新住宅的时候所用的那种树木的枝条像柳树的枝条一样柔软，我决定试试。

第二天我去乡间住宅那边弄了些那种枝条，发现它们十分适合编箩筐。于是，我便砍了很多晾干，然后拖到了海边住宅里，等雨季来的时候，我就都把它们编成了箩筐。后来，粮食多了之后我就用这种自编的箩筐盛粮食。

> **叙述：** 鲁滨逊努力改善生活条件，不断丰富日常生活用具的品种。

解决了箩筐的事情之后，我又开始琢磨其他问题。第一，我没有盛放液体的东西，虽然有桶，但是里面还装着甘蔗酒，还有几个玻璃瓶，但是有的装着烈酒，还有的是用来盛水的。第二，我没有可以煮菜用的锅，虽然有一只从大船上弄下来的大壶，但是那只壶太大，用来煮肉不合适。第三，我需要一个烟斗，这个有些难做，不过最终我还是做出来一个。

整个旱季，我都忙着在围墙外栽种第二排树。当然还有一件事也费了我不少时间，那就是对这个孤岛的勘察。

我一直想把整个小岛彻底走一遍看看，之前我走到了小溪尽头，到达了我乡间住宅所在的地方，在这里有一片开阔地一直延伸到海边，我决定先走到海边看看。这天天气晴朗，走出我乡间住宅所在的山谷，向西就可以看到大海，大海那边的陆地也可以清楚地看到，地势很高，但是离我的小岛很远。我带

旅途中的大逆转

9. 环游全岛

着斧头、枪支、火药、子弹，还有狗，另外还带了些干粮出发了，我发现小岛这边的环境比我住的那边的环境要好一些，遍地有野草，处处有树林，而且还有好多鹦鹉，我捉了一只小的带回去。但过了很多年之后我才教它说话，它最终能准确地叫出我的名字，后来有一回它差点把我吓死，不过倒是十分有趣的事。

> 叙述：鲁滨逊苦中作乐，让孤独的生活尽量有趣些。

这次旅行我很开心，在一片低洼的地方，我还发现了不少长得像野兔和狐狸的小动物，我打到了几只，但是没有吃，因为我有粮食，不想冒险。

这次旅行我走得很慢，总是边走边观察，希望发现新的事物，有时候还来回绕几次，晚上我爬到树上睡，有时候也在地上睡，不过周围会弄一圈树枝遮挡。我就这样边走边看，费了几天工夫才到了海边。到了海边之后，我发现这边的海岸比我乡间住宅那边的海岸好上几百倍。

> 细节描写：写出了鲁滨逊认真探索，展现了他热爱生活的一面。

这里有好多大鳖，而我乡间住宅那边一年半才找到了三只，飞禽的种类更是多得不得了，有许多我在乡间住宅那边见过，当然还有更多不认识的。虽然鸟很多，但是我不想打鸟，太浪费子弹了。我想打山羊，但是这边的山羊虽然多，却因为地势太平坦，我根本靠近不了它们。

虽然这边比较好，但是我在以前的乡间住宅住习惯了，暂时也不想搬家。我沿着海边向东走了大概十二英里，在海边立了根大柱子做标记，之后我便决定回家了。我想下次出来的时候向相反的方向走，沿着海岸转上一圈，再回到这根大柱子这边。

回家时，我故意选择了另外一条路，反正我知道全岛整体

旅途中的大逆转

的地势，应该不至于会迷路。但是只走了两三英里，我发现自己在一个山谷里迷路了。在山谷的大雾里我兜兜转转了三四天，最终还是放弃了，回到了海边，又找到了我立的大柱子，沿着原路往回走。天气很热，我走一段歇一阵，身上背着枪支、弹药和斧头，重得不行。

路上我的小狗袭击了一只小山羊，我忙跑过去把小山羊从小狗嘴里救了出来。以前我总是想驯养几只山羊，万一没子弹了，我可以吃自己养的。因此，我决定把这只带回去自己养着。我弄了个小项圈给它，用细绳子牵着它回到了乡间住宅。把它圈起来之后我就回到了海边住宅，我当时已经离开家一个月了，急着想回家看看。

> 心理描写：长期的岛上生活使鲁滨逊适应了这样的生活，并安于这样的生活。

在海边住宅里，我悠闲地躺在吊床上，心里感到无比的高兴与满足。跟在外旅行相比，我还是比较喜欢安安稳稳地住在这个小家里。如果命中注定我一生都在这个荒岛上生活，那么我以后都不要离家太久。

我在家好好休息了一周，在这一周里我给捉来的小鹦鹉做了只笼子。小鹦鹉已经很驯服了，而且跟我很亲热。做完笼子之后我突然想起我的小山羊来，我把它关在我弄的羊圈里已经一周没有管它了，我决定明天把它带到这边来。

> 细节描写：孤岛上有了这些小动物的陪伴，鲁滨逊的生活也有了几分生趣。

因为一周没有吃东西，小山羊已经饿坏了，我立刻弄了些嫩草给它吃，小山羊吃饱后变得很乖，不用绳子拴着都肯乖乖地跟着我走。后来这只小山羊一直被我饲养着，成了我家庭中的一员。

雨季又来了，我已经来这里两年了，今

天是我来孤岛的纪念日,我虔诚地斋戒。我发现我现在的生活比刚来的时候已经幸福多了,我改变了以前罪恶的、令人厌恶的生活,兴趣爱好也发生了改变。

就这样我开始孤岛生活的第三年。虽然我没有详细地记录今年的生活,但这一年我还是很忙碌的,我的生活很有规律。如果不下雨我必然在上午带枪出去打猎三个小时左右,下午就开始处理猎物,剥皮、烤、晒、腌等,做成我的粮食。中午酷热难耐,我一般不出门。

此外,我还在洞里做了个很长的架子,大概花了四十二天时间才做了一块长木板。但是如果有锯子的话,两个木匠半天就可以把一棵大树锯成六块长木板。但因为我需要又长又宽的木板,因此我只能找大树,费了三天时间才将其砍倒,又费了两天时间才把树枝砍掉,这样大树变成了树干。剩下的日子我就开始慢慢地削,最终弄成了一块三寸多厚的光滑长木板。削这样一块木板简直太考验耐心和毅力了。

鲁滨逊在病愈后又重新振作起来,努力生活,此时的他给你留下什么印象?他与以前相比有了什么变化呢?

旅途中的大逆转

10. 辛勤劳作

现在是十一月多了，大麦和稻子即将要收获了。粮食种植面积并不是很大，因为我的种子不多（第一次收获后，有一部分种子又因为播种时间错误而损失了）。现在丰收在即，但我发现想顺利收获庄稼并不容易，山羊和野兔一类的动物把禾苗当美味，禾苗刚一长出就被它们吃了。没办法，我只能给我的小农田围上了篱笆，幸好农田面积不大，只用了三周就弄好了。白天，我打死了几只来吃禾苗的动物，晚上我把狗拴在田边。很快那些动物就不再觊觎这些美味了。

而现在禾苗都结穗了，鸟又开始觊觎我的粮食。一天，我过来查看粮食的生长状况，发现很多飞禽在我的粮地周围，它们似乎等着我离开，好大吃一顿。我立刻放了一枪想把它们吓走，枪声一响，从粮地里竟然飞出了无数的鸟，我真吓了一跳，原来有那么多的鸟在吃我的粮食。这样下去，不用几天，这些粮食就会被它们吃光，我绝对不能让自己辛辛苦苦种出来的粮食被这些飞贼吃了，哪怕让我日夜看守着，也得保护好我的粮食，因为现在我要是损失一粒粮食就等于几年后损失一大袋粮食。等我转身离开，周围的鸟又猛扑到地里，我立刻又打了几枪，但是这样太浪费子弹了，后来我采用了英国人惩罚罪大恶极的窃贼的办法，我把打死的鸟用绳子高高地吊在田里。没想到这个办法竟然很管用，鸟再也不敢来

> 叙述：
> 说明鲁滨逊是个目光长远的人。

吃粮食了。

现在已经是十二月底了。我准备收割庄稼，可是我没有镰刀，好在我有一把腰刀，我用腰刀把麦穗和稻穗直接割下来，装在自己编的大筐里。因为粮食不多，我直接用手把麦粒和稻粒搓了出来，现在我差不多有两斗稻子和两斗多大麦了。

看到这些粮食我很受鼓舞，我想早晚有一天，我能自己弄出面包来吃，我决定把这次收获的粮食都当作种子，一颗也不吃。同时，我开始琢磨如何烤面包。通常人们说"为面包而工作"是指为了生存而工作，但是我现在确确实实地是为了面包而工作，为了做出一块不起眼的小面包，得种粮，得收获，得晒干，还得筛面、制作、烤熟，程序复杂得真是让人惊叹。而现在我什么工具都没有，自从第一次发现墙壁下冒出这几株禾苗之后，我就天天琢磨如何做面包。

心理描写：鲁滨逊在恶劣的环境中不断努力改善生活,不怕困难,乐观向上。

我没有耕犁，也没有什么锄头之类的东西来翻土。不过这个难题我已经解决了，前面提到过，我用木铲子把地挖了一遍，使土壤疏松，虽然铲子很快就被磨坏了，工作起来很费劲，但我还是将就着用。撒了种子之后，因为没有耙，我只能拖着一棵大树在地里走来走去耙地，甚是费劲。还要保护禾苗不被吃掉，保护穗子不被吃掉，然后收回去晒干。但我没有磨，没法磨谷，没有筛子，没法筛面粉，也没有发酵粉和盐，还没有烤面包的炉子。不过我总算有了些粮食，这已经给了我很大的鼓励了。我决定等再次收获粮食之前，设法制造出做面包的工具来。

细节描写：表现耕种的艰辛与不易,侧面烘托了鲁滨逊的耐心与勤劳。

第一步，因为现在种子比较多，因此我得扩大我的土地，

旅途中的大逆转

叙述：鲁滨逊给自己制定了明确的目标，并努力行动。

大概需要一英亩土地。我先费了一周的时间做了个木铲，用木铲把我住宅附近的两块平地铲松，在我的土地周围修筑好篱笆。篱笆的木桩是从我以前栽的树上砍下来的，这种树的生长速度很快，不用一年工夫就可以长成茂密的篱笆。但是因为这期间大部分时间都在下雨，修筑篱笆的事情断断续续。

下雨的时候，我就在家做些其他事，有时候教鹦鹉学说话，我给它起名叫"波儿"，不久它竟然能清楚地说出自己的名字，这是这几年来我第一次从别的嘴里听到说话声，当然教鹦鹉学说话只是我的娱乐活动而已，我还是有正经事要做的。

很早的时候我就想做点陶制工具，这里气候炎热，因此应该能够找到黏土，只要弄到黏土，就可以做出些罐子之类的东西，暴晒之后就很结实耐用了。既可以装粮食，又可以装其他东西，非常方便。

但是由于我并没有什么经验，在调制黏土的时候过硬或者过软，导致做出来的东西一点都不像样。除此之外，在暴晒的过程中，晒得早或者晒得过猛都会导致黏土碎裂。总之，从找到黏土，将其调和成合适的硬度，做成陶器，到最后晒干，我用了整整两个月的时间。两个月之后，我只做出了两个缸，样子惨不忍睹。

我把缸放在之前编的箩筐里，又在箩筐和罐子之间塞上了些麦秆，这样这两个大缸不但不会受潮，而且更加耐用了。

有了经验之后，我再做小罐子、小盘子、小瓦锅之类的东西就得心应手了，而且样子也还不错，阳光很好，这些东西都做得很结实。但我并不满足，因为这些罐子之类的只能用来盛东西，并不能当锅用。不久，我烤了羊肉，烤完之后想去灭火，但是我发现火堆里的一块陶片已经被火烧得像石头一样坚硬。我立刻想到，我可以把那些罐子什么的烧烧，说不定能弄出锅来了。

> 细节描写：机缘巧合下，鲁滨逊逐步掌握了做陶器的技巧。

我当然不知道做陶器需要窑，也不知道要用铅涂釉，我做了三个泥锅和三个瓦罐，把它们架在火上烧，一直烧到通红，烧红之后还架在火炭上放了五六个小时。后来我看到一个罐子好像开始熔化了，那是黏土里的沙子被烧熔化了，再烧下去恐怕要变成玻璃了，所以我慢慢灭掉火，等罐子变凉。第二天早晨，三个瓦锅、三个瓦罐成功烧好了。我迫不及待地用其中一个煮了羊肉，这羊肉简直是人间美味。

还有一个难题就是舂粮食，上一次收获的粮食少，我靠手就可以搓完，但是这一次收获的粮食多了，必须要用石臼才行。因为岛上的石头大部分是沙石，不够坚硬，不能用来捣谷物，我找了很久也没找到坚硬的石头，便放弃了。后来我决定用木头做，我弄了根大木头，砍下一圈来，在中间烧了凹槽。之后又用铁树做了个杵，总算弄好了舂谷的工具。

> 动作描写：工欲善其事，必先利其器。鲁滨逊未雨绸缪，胆大心细。

再一个难题是筛面粉。我需要用一个筛子筛面粉，好几个月我都想不出到底用什么材料来做，找出来一些破布，可里面连个亚麻片都没有。山羊毛我倒是有不少，但我没办法把它们纺织成线。后来无意中，我想起从船上搬下来的衣服里，好像有几块用纱布做的围巾，我找了出来，如获至宝，很快做成了几个简单的筛子，这几个筛子凑合着用了好几年。

剩下的难题就是制作面包了。首先是发酵粉，这个我确实没办法做出来，所以干脆不费脑筋去想了。其次是炉子，虽然

旅途中的大逆转

> 过程描写：复杂的制作过程，无数的细节问题，鲁滨逊一一克服，他不仅心灵手巧，也有着过人的毅力。

费了我不少脑筋，但我还是顺利解决了。我的方法是这个样子的：我先用黏土做了几个很大的泥盆，直径大概有两英尺，但是很浅，只有九英寸深，把这些泥盆烧制成了瓦盆。我还烧制了一些方砖，虽然不是特别方正，但是勉强能用。我用方砖搭建成炉子，点燃木柴，等木柴烧成火红的木炭，我就将木炭填到炉子里，一直填满，把炉子也烧得很热，然后把炉子里的火种全部灭掉，这样炉子里只有发烫的木炭就不会燃烧。我把面包胚放在上面，之后把我烧制的瓦盆扣上，瓦盆上面再盖上火红的木炭，这样面包胚上下都能受热，不仅熟得很快，受热也非常均匀。用这个方法我做出来的面包不亚于那些大城市里用好炉子做出来的面包。很快我就成了一个优秀的面包师了，因为除了大麦面包，我触类旁通地又做出来了大米糕点和布丁，我还没尝试过做馅饼，因为我只有山羊和一些鸟肉，没有做馅的东西。

毫无疑问，在岛上第三年的时候，我大部分时间都在忙碌上面这些事情。一方面，我要提前为制作面包准备工具；另一方面，我还得好好种地。准时播种、收获，把收获的穗子盛放在筐子里，下雨没事做的时候便用手搓。

> 叙述：在鲁滨逊的辛勤劳作下，粮食问题得到了很好的解决。

现在，我的粮食又成倍成倍地增加了，我继续扩大粮仓来储存粮食。现在我大概拥有二十蒲式耳大麦、二十多蒲式耳大米，再也不用舍不得吃了，从船上弄下来的粮食很久之前就被吃光了。我想估计一下我一年大概要吃掉多少粮食，明年只种一季，足够吃就行。

10. 辛勤劳作

我仔细算了算，四十蒲式耳的粮食足够我吃一年。因此，我计划每年播种同样多的种子，来年的收获正好够我吃一年。

除了做这些事情，我脑子里还有一个想法，那就是在岛的另一面我曾看到的那块陆地。我不止一次希望能去那里看看，并幻想自己能找到大陆，这样我就可以得救了。

在这样希望的时候，我并没有考虑这种情况的危险性，根本没想到在那里遇到野人要比遇到老虎和狮子更加倒霉，一旦被野人逮住，不是被他们杀了就是被他们吃了。我知道，在加勒比海沿岸有些野人是吃人的，而我现在所处的这个经纬度似乎离加勒比海岸不算远。退一步讲，即便他们不吃人，他们也不会让我活着的，这些野人会把落到他们手里的欧洲人统统杀死，即便几十个欧洲人结伴都不一定会幸免于难。而我现在孤零零一个人，根本没有什么防卫能力。这种种危险我其实都应该考虑到的，但是当时我脑袋里想到的都是如何去那块陆地，忽略了这种行为的危险性。

在想怎么去那块陆地的时候，我突然非常怀念我的忠实的仆人佐立，还有那艘小艇。曾经，我跟佐立驾驶着那艘小艇在凶险的非洲海岸行驶了一千多英里，真是值得骄傲。不过光想这些，什么问题也解决不了。我又想起我们大船上的那艘小艇，那艘小艇还是在原来的地方，只是被海浪冲翻了，现在底朝天地趴在一个砂石堆上，周围没什么水。假如佐立在，我们就可以把船修好，拖到水里，说不定还能乘船回巴西。现在就我一个人，根本没有足够的力气把这艘小艇翻过来。但是我还是不肯放弃，满脑子都在想如何让小艇翻身，如何修理船。我去树林里砍来一些大树干，想做个杠杆之类的试试。

> 心理描写：鲁滨逊产生想法后便立即付诸行动。

旅途中的大逆转

　　鲁滨逊通过辛勤劳作、不断创造，收获了什么成果呢？到章节中找一找并说一说。

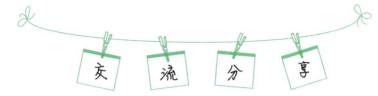

1. 背景的帮助。看过《鲁滨逊漂流记》这部小说的创作背景，对作者为什么要写这部小说、小说问世后有什么价值、对你理解作品内容带来了哪些帮助？先想一想，再说一说。

2. 随时的感触。哪段话让你立即在空白处写下了感触？选择几处先向同座再向全班同学读读这段话和分享自己当时的感触。

3. 喜欢的段落。喜欢某一段话一定有喜欢的理由。把你所喜欢的段落朗读给大家听一听，并说说你为什么喜欢这段话。

4. 精巧的结构。对照目录和小说内容不难看出全书的结构。把画出的结构图展示给大家看看，同时把结构图给大家讲一讲。

旅途中的大逆转

11. 造独木舟

我耗费了很多精力做这件事情，三四周后，我发现凭我个人的力量，用杠杆的方法是行不通的。所以又开始想别的方法，我把小艇下面的砂石挖空，挖的时候用木头支撑住小艇，让小艇落下来的时候翻个身。

小艇最终翻了个身落了下来，可是我又束手无策了，我没法把它弄到水里去。无可奈何之下我放弃了这艘小艇。虽然放弃了这艘小艇，但我并没有放弃到海岛对面的陆地去的想法，反而因为一直实现不了，这个想法愈来愈强烈了。

> 心理描写：鲁滨逊想要离开这里，表现了他的急切心情。

后来我想到，我可以像非洲土著人一样做一只独木舟，独木舟的主意使我很兴奋，而且与非洲土著人相比，我还有很多优势。但后来我发现，跟他们相比，我也有不少劣势：我一个人，在没有帮手的情况下，根本没法把独木舟弄到水里。虽然非洲土著人做独木舟有困难，他们没有锋利的工具，但这至少可以克服，而没人手的困难简直是无法克服的。假如我找到了合适的大树，费了九牛二虎之力把树砍倒，用我的斧头把树的外形削成独木舟的样子，再把里面凿空或者烧空，种种工作做完之后，如果独木舟还只是留在陆地上，无法移动到水里行驶，岂不是白费力气了？那这样的一只只能在陆地上的独木舟对我来说又有什么作用呢！

大家或许会想到，我在做独木舟的时候一定会事先考虑好

11. 造独木舟

这些问题，但是当时我的脑子里总是想着"一旦独木舟做好，我就可以去对面的陆地了"，根本不曾去考虑其他问题。实际上，对于我来说，让这个独木舟在陆地上移动半英里要比在海上移动几十英里难得多。

我急于造独木舟，很快便放下了所有的顾虑，开始干活了。我选中了一棵大柏树，树根处的直径大约有五英尺十英寸，即便在二十二英尺的地方，它的直径也有四英尺十一英寸，从二十二英尺之后才慢慢变细，分叉长叶。这棵大树耗费了我很多精力：我花了整整二十二天时间才砍倒它；接着花了十四天时间去砍掉大大小小的枝干和树叶；现在我有了一根大树干，接下来一个月把大树干砍砍削削刮刮，弄成了船的模样；后来，又花了差不多三个月的时间把中间挖空，这次我没有用火烧，而是用锤子和凿子一点一点凿的，这样前前后后差不多花了半年时间我才把独木舟弄好。独木舟很大，有足够的空间把我所有的家当都放进去。

> **列数字：** 用具体的数字体现出柏树的粗壮，也表现出造独木舟的困难。

独木舟做成之后，我高兴极了。这是我见过的最大的独木舟了。现在只剩下下水的难题了，如果独木舟真下水了，那我肯定要进行一次疯狂的航行。不过，事实是，尽管我绞尽脑汁，费尽力气，但独木舟一动不动。

独木舟离水其实最多只有一百码，但独木舟到水边是上坡，为了便于下水，我决定把这个上坡挖成下坡，这并不是个小工程，费了我不少力气。但是一想到也许可以离开这个孤岛，我立刻振作起来。我终于把上坡挖成了下坡，但令我失望的是，独木舟还是一动不动。

> **心理描写：** 表现了鲁滨逊想离开这里的迫切，对探索新世界的向往。

这个办法行不通之后，我开始另想办法。我丈量了一下独

旅途中的大逆转

木舟和水之间的距离，决定开个运河，把水引到独木舟下面。我先试着估计了一下工作量，好做个计划，算一下这个运河需要挖多深、多宽，怎么挖土，怎么运走土。最后的结论是：如果我一个人做，至少需要十年，因为河岸高达二十英尺。最后我还是放弃了这个工作，尽管心里非常不甘心。

一想起独木舟这件事我就伤心不已，从这件事中我吸取了一个教训：做任何事情之前都应该先考虑一下所需要付出的代价，并评估自己的能力，否则就会做蠢事。

这项工作还没做完，我第四年的孤岛生活已经结束了。

与去年一样，我满怀虔诚地度过了我的斋戒日。我每日诵读《圣经》，认真地将所学到的付诸实践，获得了全新的认知。对我来说，世界是遥远的，我跟它之间是没有联系的，对它无所求，亦无所期望。世界于我来说只是我曾经居住的地方，现在我已经离开，我和世界已经隔着一条深渊。我一无所求，因为我已经拥有了所需要的一切。在这块领地上，我没有敌人，没有竞争者，完全可以称王。我可以种植出很多粮食，但我只需要足够自己吃的量就可以了，多了也没用。我有很多鳖，但是我只需要偶尔吃一只就好。这里木材充足，造一支船队都没问题；这里葡萄充足，酿好的葡萄酒和做好的葡萄干可以装满许多船。

我仅仅使用那些我确实需要的东西，现在我已经有足够的食物，便不再贪婪别的财物。我明白了一个道理，世界万物，有用的东西才是宝贵的。无论什么东西，太多了就应该送人，多了也没有用。我心里没有什么贪婪的欲望，所缺少的东西都

> 心理描写：表达了鲁滨逊精神状态的改变，思想意识逐步提高，正如古人云"仓廪实而知礼节，衣食足而知荣辱"。

是一些小的生活用品。前面我提到过，我有一包钱币，但这些

没用的东西现在还放在那里，如果有人用一打烟斗或者一个磨面的小磨跟我换一把金币，我一定开心得不得了。即便让我用所有的金币、银币去换几颗胡萝卜种子或者一瓶墨水我也是乐意的。这堆钱币现在在抽屉里，毫无用处，遇到雨季就会生锈。不要说金币、银币，即便现在给我一抽屉钻石，我也一点不心动。

与刚来到岛上的时候相比，我现在的生活已经非常舒适、非常安逸了，我的心情也很好，每次吃饭，我都满怀感激之情。

如今我已经懂得要多发现事情积极的一面，这种思维方式对我很有好处。我想如果当初大船没有被冲到岸边，如果没有足够的时间取下船上的东西……这样，我根本没有任何工具工作，没有武器保护自己，也没法捕捉到猎物。

有时候我一连几个小时甚至几天都在冥想，假如当初我没有从船上取下任何东西，我该如何生活呢？那样的话，恐怕除了鳖，我根本吃不到任何东西了，但是鳖是我上岸很久之后发现的，在发现鳖之前我估计早就饿死了。退一步讲，即便饿不死，估计我也跟野人一样每天想方设法杀死一只羊或者一只鸟，然后像野兽一样食用这些猎物。

这种想法让我感谢上帝对我的恩赐，尽管当前我的处境并不十分好，但我还是满怀感激之情。在遇到苦难的时候，人们总是会抱怨："我简直是最困苦的人了！"对于这样的人，我劝他们好好读读这段话，并仔细想想是不是有些人比他们更困苦。

叙述：经历种种磨难的鲁滨逊在思想上有了空前的觉悟。

还有一个想法给了我很大的安慰，那就是过去我过着罪恶的生活，毫不敬畏上帝，尽管我父母总是教育我应该敬畏上

旅途中的大逆转

帝，明白自己应承担的责任，明白如何做人。可是，我一心想当水手，而且早早就离家出走了。

那时候的我没有一颗善良之心，也从不反思自己的为人，当然我也不知道该如何做人。因此，即便上帝给予我恩赐，我也从来没有说一句"感谢上帝"的话，比如，在海上我被葡萄牙船长救起，在巴西获得良好的发展，等等。当我身处危难的时候，我也从不说一句"求上帝可怜我"。

> 心理描写：反思与感恩，让一切变得美好，要多从另一个角度看世界。

一连几个月我都对过去的罪恶生活进行反省，我觉得害怕。但是再看看现在，我自己在荒岛上，上帝给了我那么多恩惠，对我那么宽容，处处照顾我，我心里又生出了希望。我想，上帝已经原谅了我的罪恶，并且还会可怜我。

这样的反省让我坦然地接受了目前上帝对我生活的安排，并且对这样的现状，我也很感激。对于作恶多端的我，上帝竟然没有惩罚我，还让我好好地活着，我不应该再抱怨些什么，也不应该有什么不满足。我应该感谢上帝让我每天都能吃到面包，这简直是一个奇迹。虽然这里远离世俗社会，没有人与我交流，但是这里没有野兽，没有野人，没有有毒的动植物把我毒死。

我现在只希望自己能够好好体会上帝的恩赐和上帝对我的关心，这给我带来莫大的宽慰，让我不再悲伤，让我感到心满意足。

经过这几年，我从大船上带来的东西不是用完了就是坏了。前面曾提到过的墨水用完了，最后那点墨水，我不断地加水进去，字迹都淡得看不见了。但是我想只要有墨水，我就应该把一些特殊的事情记载下来。

还有从船上拿下来的面包和饼干也吃完了，尽管一直以来我吃得无比节省。饼干我虽然每天吃一块，但也只吃了一年左右，在我自己能制作面包之前，我有一段时间没有什么主食可以吃。因此，我能再次吃到面包，就如我前面所提到的，简直是个奇迹。

> 说明能再次吃到面包的困难，也展现了鲁滨逊的智慧。

我早就没有内衣可穿，连外面的衣服也已经破烂得不像样子，还有些水手们的衬衫，我舍不得穿，小心地保存着。这里的气温最适合穿衬衫，幸运的是我从大船上搜集了大概三打衬衫，还有几件水手们值夜班时穿的衣服，但是值夜服太厚了，穿着太热。虽然这里一年到头天气都很热，而且岛上只有我一个人，我完全可以不用穿衣服，但我还是不愿意赤身裸体。

不赤身裸体当然不只出于美观的考虑，还因为这里的太阳实在是太炽热了，如果太阳直接晒在皮肤上，皮肤很快就会起泡，所以要穿上衣服挡住阳光。除了衣服，帽子也是必须戴的，不然会晒得头疼。

根据穿衣服的实际情况，我考虑整理一下我的衣服。我的背心已经破烂不堪了，必须重做，我就用水手们的值夜服和一些其他零碎布料来缝制，与其说是缝制，还不如说是胡乱地连在一起，因为我的缝纫技术太差了。不过最终我还是做成了两三件背心，这够我穿一段时间的了。至于短裤，我是费了些功夫才弄好的，不过更加不像样子。

之前曾提到过我打了很多的野兽，每次我只吃它们的肉，然后把皮剥下来晒干保存好。现在这些皮就成了做衣服的材料，我用羊皮做了顶帽子，把羊毛翻到外面挡雨，看起来还不错。我还做了一套衣服：一件背心、一条过膝短裤。衣服做得非常肥大，反正我也不需要保暖，只要能挡住太阳就可以。下

旅途中的大逆转

雨的时候，我就把衣服和帽子的毛翻到外面，这样可以挡雨，很实用。衣服和帽子的样式确实丑了点，我得承认，虽然我在木匠和陶工方面的技术都不怎么样，但是在缝纫方面的技术更差。

叙述：有了上次淋雨生病的痛苦经历，鲁滨逊意识到了伞的重要性。

一年一半时间是雨季，我经常需要外出，伞对于我来说是非常重要的必需品。可是我没有伞，因此我一直惦记着如何才能做一把伞。之前在巴西的时候我见过别人做伞，巴西天气炎热，伞是随处可见的。这儿比巴西更热，如果有一把伞，那简直太好了。我既需要伞遮阳，又需要伞遮雨。做伞不是件容易的事，在做坏了好几把之后，我终于做成了一把勉强能用的。其实，做一把撑开的伞倒是不太难，但是如果不能收起来，总是撑着，就太不方便了，也不好携带。所以在做伞的过程中，我遇到的最大困难就是如何做一把能撑能收且便于携带的伞。

伞面是用动物皮毛做的，有毛的一面在外，撑起来的时候像个小茅屋一样遮阳挡雨，而且因为皮毛很厚实，无论多炽热的光线都能完全挡住，所以我也不怕在正午的时候出门了。伞也可以收起来直接夹在胳膊下，出门带着一点也不碍事。

现在我物质方面的需求基本得到了满足，并且心情也十分愉悦。我听从上帝的旨意在这里生活，我甚至觉得远离尘世的生活要比在尘世中的生活好。因为每当我感到苦闷没有人可以跟我交流的时候，便批评自己。我不是可以与自己进行交流吗？不是还可以跟上帝交流吗？难道跟上帝交流不是最好的交流吗？

之后的五年孤岛生活基本没有什么大的改变，我在生活方式上基本维持现在的样子，也没有遇到什么特别的事情。每

年，我按时种田，晒葡萄干，储存一年的粮食。不下雨的早晨，我会带枪外出打猎。

在这期间，我做的唯一值得一提的事情就是又做了一只独木舟，之前做的那只太大了，我根本没法把它弄到水里去，现在它还是原地不动。我把它放那里，每当看到它我就会提醒自己做事情之前一定要先考虑周全。而现在做的这只独木舟小很多，我挖了一条六英尺宽、四英尺深的运河，把第二只独木舟弄到了半英里外的河里。做这项工作花费了我将近两年的时间。我一直希望能有机会乘着船到海上去。

> 叙述：鲁滨逊从未放弃航海的理想，一直在付诸行动。

造第一只独木舟的时候，我本打算乘独木舟去对面的陆地，这里离那边大概有四十海里。现在的这只独木舟太小了，没法行驶那么远的距离，所以我只有打消了去对面陆地的念头，但是利用这只小的独木舟绕着小岛航行一圈倒是不错的主意。之前我曾横穿小岛，在那次旅途中，我还发现了不少新事物，所以如果能环岛旅行一圈的话，说不定还会有许多意外发现。

而这只小独木舟，简直是再合适不过的工具了。我开始着手环岛旅行，为了这次旅行顺利，我得准备周全。我先给小独木舟升级，给它安了桅杆，用旧帆布做了个船帆。之前从大船上弄下很多帆布，一直放在那里，没怎么用过。

> 细节描写：经过多年的制作，鲁滨逊积累了许多经验。

安好桅杆和船帆之后，我试着航行了一小段距离，发现独木舟行驶得很稳当。然后我又在船头做了些抽屉，分别用来盛放粮食、弹药和日用品，免得在旅途中遇到大雨淋坏粮食和弹药。船舷内侧我又挖了一条长长的凹槽，这样我的枪就可以很

旅途中的大逆转

稳当地放在这个凹槽里。另外，我还给这个凹槽做了个垂板，这样就可以盖住枪，避免受潮。

我把之前做的那把伞竖到船尾的平台上，伞不张开的时候像根小桅杆，张开之后正好可以给我遮太阳，我的独木舟现在看起来像乌篷船了，特别舒适。此后，我就经常乘着我的独木舟在海面上转悠一会儿，不过我不敢走远，也不敢离开小岛太远。但是我迫切地想看看自己居住的这个小岛的边界，于是决定绕岛航行。我在船上储备了足够的粮食，包括两打大麦面包，准确地说应该是大麦大饼、一罐子炒米（炒米现在已经成为我的主食之一了）、一罐子甘蔗酒、半只烤羊，还有一些子弹、火药之类的。另外我还在水手箱子里翻出两件水手的值夜服，放到船上当铺盖。

> 情节叙述：鲁滨逊又与大海建立了连接，踏上了他的新征程。

我一个人在这个孤岛上已经第六个年头了。这第六年的十一月六日，我终于开始了环岛旅行，本以为这座岛不大，旅行一次不需要多久，没想到却出人意料。当我航行到东面的时候，遇到了一大堆礁石，岩石向海里延伸了六海里多，这些岩石有的露出水面，有的在水下，礁石周围还有一片沙滩，又向海里延伸了一海里多的距离。所以我不得不多行驶了些，绕过这个岬角。

> 转折：计划没有变化快，在做事情前要多考虑一些。

刚开始发现这个岬角的时候，我本来想放弃掉头往回走。因为我无法估计这个岬角会延伸到海里多远，万一回不了岛上岂不是非常危险。于是我抛锚停靠在岸边，下了船。我带着枪爬到了附近的山上，从山顶看了看这个岬角延伸到海里的距离，做了预估之后，才决定绕过这片礁石。

站在山顶，我发现一股很强的水流向东流去，基本上流到

11. 造独木舟

了岬角附近。我再仔细观察了一下那股急流，发现了它的危险性，如果船被卷到这股急流里，很容易就会被急流带到外海，那样我就回不到岛上了。如果我事先没有爬到山上去观察，那么我一定会遭遇这种危险。岬角的另一边也有一股急流，只是离海岸相对比较远，海岸下还有猛烈的回流，即便我能躲过急流，也很容易被卷入回流。

心理描写：鲁滨逊面对危险沉着冷静，具备了一定的知识与技能。

我在这里停靠了两天，那两天一直刮偏东的东南风，恰巧与我提到的那股急流方向相反，因此岬角附近的海面并不平静。在这种情况下航行是不明智的，船太靠岸就会被海浪掀翻，船远离海岸就会被卷入急流。

第二天夜里风小了，等第三天早晨的时候海面已经平静了。于是我决定继续前进。可是刚一出发，我就犯了个鲁莽的错误，船刚刚驶离岸边就进入了一片深水区，而且还遇上了一股急流，这股急流将我的船一直往前冲去。我努力驾驶着船，想让船在这股急流的边缘行驶，但是不起一点作用。现在一点风也没有，我只能靠两只手拼命地划桨，可两只桨的力量太小，无济于事。

环境描写：海中暗流涌动，危机四伏，处处充满挑战。

我感觉自己要完蛋了。因为岛的两边都有急流，这两股急流一定在几海里外的地方交汇，如果被冲到那里，我就彻底没有生存的希望了。我倒是不担心会被水淹死或者被鱼吃掉，因为现在没有风，海面很平静，小船不会翻。我是担心会被饿死，因为如果独木舟深入海洋，那么我就找不到足够的食物了。我在岸上的时候抓到了一只重得我几乎搬不动的大鳖，现在这只大鳖是我唯一的食物，还有一罐子淡水，这一丁点食物在海里是维持不了多久的。

旅途中的大逆转

> 心理描写：鲁滨逊离开小岛时后悔的心理，与他初次遇到海上风暴时的心理相似。

现在我意识到，眼前这个看似荒芜的孤岛简直是世界上最美丽的地方，而我现在如果能重新回到孤岛，就是最幸福的事情了。我感慨："幸福的小岛啊，也许我将再也见不到你了。"我责备自己："你这个倒霉蛋，该怎么办呢？"我开始反省自己身在福中不知福，不应抱怨生活。现在只要能回到岸上，让我做什么都可以。看着我的独木舟被急流渐渐冲进大海，离我那可爱的小岛越来越远，再也没有返回去的可能，我的内心充满绝望。不过我并没有放弃，我努力地划着桨，直到耗尽最后一丝力气。

> 细节描写：永不放弃的精神是鲁滨逊能生存下去的重要因素。

我努力向北划去，过了正午，我的脸上感受到一丝微风，风向东南偏南，我立刻又振奋了起来，半小时后，风变大了。这个时候我已经被急流冲到离小岛很远的地方，如果此时再碰到阴雨天气或者薄雾，我肯定会迷失方向，因为我没有带罗盘，只要眼睛看不到海岛，我就不知道海岛的位置了。庆幸的是天气一直很晴朗，我赶快竖起桅杆，鼓起船帆，向北面行驶，远远地躲开急流。

> 环境描写：海中的水流错综复杂，稍有不慎就会有生命危险。

刚扬起船帆，船就快速地行驶了起来。四周的水非常清澈，可以判断急流在附近应该改变了方向。不然那么急的水流肯定会使得水面浑浊不堪，现在这里水很清澈，应该比较安全。不一会儿，我看见半海里的地方，海水冲击着礁石，猛烈地拍打出浪花，那股急流被礁石分成两股，一股向南继续流去，另一股被礁石挡回去，形成了回流，向西北流去。

旅途中的大逆转

11. 造独木舟

　　如果一个即将被执行死刑的人突然得到了赦免令，或者遇到强盗差点被砍死的时候又被救起，或者有这种在绝望中又获得希望的经历的人，一定能够体会我当时喜悦、兴奋的心情，也一定能体会当我的独木舟驶进回流时我是何等幸福。

　　这股回流一直把我送到离海岛三海里左右的地方，回流在这里已经没什么力量，不能推动船向前行进了。我的独木舟现在处于两股急流之间，之前把我冲走的那股在南面，背面还有一股，两股急流中间距离大概有三海里。这中间位置有一点顺风，而且海面也比较平静。我靠着风力向前行驶，但是速度已经很慢了。

　　下午四点的样子，离海岛不足三海里的地方，我又看到了南面的岬角。前面我提到过，正是这个岬角把急流逼到南方，同时又分出一股向正北流去，这股向北的回流把我送了回来。但我不是要往北走，我需要往西走。还有风，我趁着风势斜插回流，向西北驶去。又经过一个小时的行驶，我离海岛只有一海里了，这里水面平静，我划动船桨，很快靠岸了。

　　终于上岸了，我立刻跪下来，真诚地感谢上帝在危难之时救了我，同时，我放弃了弄条小船离开孤岛的想法。我吃了一点东西，把独木舟停靠在小湾里的一棵大树下。我太累了，又困又乏，躺在地上睡着了。

动作描写：描绘出鲁滨逊疲惫的状态，侧面烘托了之前状况的危急。

　　我现在不知道该怎么办，如果按照原路返回，那么还会遇到急流，这必然是送死。如果继续向西走，又不知道西边会出现什么样的危险状况。最后，我决定先向西走，看看能不能找到小河或者小湾停靠我的独木舟，以便下次用的时候我能够来取。第二天早晨，我驾着独木舟沿着海岸继续向西走，大概三海里后，我发现了一个一英里宽的小湾，越往里走越窄，最后

旅途中的大逆转

变成了一条小河。对于我的独木舟，这倒是个不错的港湾，简直是为我的独木舟而建的。我把独木舟停靠妥当，上岸之后我到处看了看。

我发现这个地方离我上次徒步沿着海岸走到的地方不远。天气很热，我带着伞和枪下了船。经过这次的海上冒险，在陆地上的旅行就显得格外放松了。傍晚我便到了我的乡间住宅，一切如旧，屋子看起来整齐有序。

我顺着短梯爬过墙，本想在树荫下歇会儿，但是我实在太累了，迷迷糊糊就睡着了。突然，一个清楚的声音叫着我的名字："鲁滨逊，鲁滨逊！可怜的鲁滨逊，你在哪里？"我被这个声音惊醒。亲爱的读者，你知道当时我有多么惊讶吗？真是难以想象。

因为今天我太累了，又是划船，还走了那么远的路，所以我睡得很死。即便被这声音惊醒，我也还是处于迷迷糊糊的状态，我觉得似乎是在做梦，是梦里的人喊我。但是那个声音太清楚了，太响亮了，而且不断地重复着。

> 动作描写：表现鲁滨逊听到声音后的惊恐与意外。

"鲁滨逊，鲁滨逊！"声音还在耳边响着，我已经彻底清醒了。当我睁大眼睛看着周围，确信不是做梦时，又听到了清楚的声音，我吓得胆都破了，一下子从地上蹦起来。恰好看见那只鹦鹉站在篱笆上，原来是我的鹦鹉在跟我说话。这几句话都是我教它说的，它竟然学得非常好了。它现在能经常站在我的手上贴着我的脸说："可怜的鲁滨逊，你在哪里？"还有一些其他的话它也说得不错。

虽然我发现是鹦鹉在说话，但还是好一阵子才缓过神来。我纳闷的是鹦鹉怎么飞到这里来了，还有它为什么一直在这里，不飞到其他地方去。我伸出胳膊，张开手，叫了声"波

儿",这小家伙便立刻飞到我的手上,依旧不停地叫着:"可怜的鲁滨逊,你在哪里?"它看起来很开心。第二天,我就带着它回到海边的住宅去了。

在海上历险了这么多天,我有些疲惫。回到家里我就好好地休息了几天,偶尔还会回忆一下这段时间的冒险。虽然我很想把独木舟弄到我住宅这边的海边去,但是我想不出好办法挪动它。岛的东面现在我已经去过了,太危险了,不能再去了。一想到这次差点丢了命,我就有些后怕。岛的西面,我虽然没有去过,不知道什么状况,但如果也跟东面一样有急流,我就会被急流冲走,下一次再遇到急流,说不定就没那么幸运了。想来想去,我决定先不要独木舟了,尽管它耗费了我几个月的劳动,而且还费了我好大力气为它开凿了一条小运河引它下水。

> 心理描写:鲁滨逊花费心血做成的独木舟只能暂留小湾了。

你有什么好方法把独木舟运回来吗?
如果是你,你怎么处理它呢?

旅途中的大逆转

12. 沙滩上的脚印

我的模样的确吓人，不过那又怎么样，反正不会有第二个人看见我，我就这样裹着一堆山羊皮制品出发了。我没有直奔独木舟，而是沿着海岸先去那个上次停船观察水流的小山，当我站在山上观察岬角时，发现岬角附近风平浪静，真是让我感到意外。我很纳闷怎么会出现这种现象，决定仔细观察一下，看看是不是跟潮水有关系。很快我就看出了其中的端倪。

> 细节描写：善于观察的鲁滨逊总是对一切抱有好奇心。

原来，西边退去的潮水和岸上的一条大河的河水汇合，形成了那股急流，而西风或者北风的强度又影响了那股急流与岸边的距离。等傍晚退潮的时候，我又清楚地看到了那股急流，不过现在它离岸大概有一海里远。但是我上次去的时候，它离岸很近，所以把我的独木舟冲走了。如果换成现在，独木舟是绝不会被冲走的。

这次细致的观察让我确信，只要注意潮水的涨退，利用急流和岸之间的距离会发生变化这一点，就可以顺利把独木舟划走。当我做好安排准备行动时，不禁又想起上次死里逃生的经历，心里又紧张了起来，吓得不敢行动了。因此，我又做了个看似愚蠢却非常慎重的决定，再造一条独木舟。这样，岛的这一边有一条，另一边也有一条。

> 心理描写：鲁滨逊对未知领域既好奇又恐惧，展现了他的小心谨慎。

要知道，现在我已经有两处住宅，一处是我的小城堡或者帐篷，扎根在山脚下，四周有坚固的围墙，后面有宽敞的岩洞。岩洞现在已经被我划分成几个洞室，分别储藏着不同的东西，其中最干燥的一间，也是最大的一间，能够间接通到围墙外面。这一间最大的洞室里盛放着大瓦缸、十几个大藤条筐，里面都装满了粮食，有的是麦穗，还有的是已经舂好的大麦粒。

> 细节描写：展示了多年劳作的成果，表现了鲁滨逊的勤劳能干。

围墙是用高大的树桩修建的，现在这些树桩都发芽长成了树，已经非常粗壮了，严严实实地遮挡着我的房子，即便在附近都发现不了里面有人居住。

离住宅不远就是两大片地势比较低洼的田地，周围我也修筑了栅栏。每年我都按时播种，按时收割。这两块地的粮食产量能保证我吃一年，如果我需要更多，旁边还有很多地供我开垦。

此外，在山谷那边，我还有一处乡间住宅。刚开始的时候，这里只有一间茅草屋，周围有些树桩。那些树桩现在长得又粗又高，我经常修剪，使它们保持相同的高度，这样它们就围成了密密麻麻的树篱笆。我的小短梯子也藏在篱笆中间。屋里还搭了一顶帐篷，几根结实的柱子支撑起一大块帆布，帆布下面是我的铺

> 细节描写：写出了乡间住宅的隐蔽，侧面表现了鲁滨逊多年劳作的成果丰厚。

盖，地上铺的是几张野兽皮，每次我打到猎物都要将皮剥下来晒干备用，这种东西我倒存了一些。除此之外，还有从大船上拿下来的一条毛毯和一件值夜服。我也经常会在这个乡间住宅住上几晚。

乡间住宅附近就是我圈地养山羊的地方。当初圈地的时

旅途中的大逆转

候，为了修筑篱笆，我花了不少时间和精力，把篱笆修筑得又高又密，两根木桩之间连手都插不进去，以防止小山羊跳出去或者钻出去。经过了三个雨季，这些木桩都发芽长大了，现在已经变成了更加密实、更加牢固的大树围墙了。

> 表现了鲁滨逊不畏困难、积极乐观的性格。

这些都是我的劳动成果，它们证明了我的勤劳。为了过上舒适的生活，凡是需要做的事情，我都不怕费力气，一点点完成。我觉得，自己养一些牲口就有了吃不完的肉，有了喝不完的奶，还有享受不尽的奶酪。即便再在这里生活上几十年，我还是会有肉吃，有奶喝。但我必须把羊圈修筑得足够牢，防止羊乱跑。当然，我正是这样去做的，不过因为我把羊圈的篱笆木桩插得太密了，倒是它们长大后我不得不拔掉一些。在乡间住宅附近，我还自己种了一些葡萄，现在我储存的葡萄干，大部分来自我自己的葡萄园里收获的葡萄。这些葡萄干都被我妥善地保存着，这是目前我所有粮食中最有营养、最可口的，而且还能提神，有益于身体健康。

从我的海边住宅去独木舟停泊的地方，必然经过我的乡间住宅，因此每次去独木舟那边，我总在这里停一下看看。我经常去独木舟那边，并且把独木舟里面收拾得更加有条理了。偶尔，我也乘着独木舟在海边转转，过过航海的瘾，但是我不敢划出岛太远，担心再次遇到急流，或者大风之类的意外情况。然而正在这时，我的生活发生了新的变化。

有一天中午，我从海边住宅出发去看我的独木舟，忽然，我在海边沙滩上发现了令我害怕的东西——脚印。这是一个人赤脚的脚印，非常清楚地印在沙滩上，而且只有这一个。我像被雷劈了一样，又像遇到鬼一样，傻傻地站在那里。我屏住呼吸，认真倾听，没什么特殊的声音。我谨慎地环顾四周，也没

旅途中的大逆转

12. 沙滩上的脚印

发现什么人。可是，这个赤脚的脚印清楚地在这里，它到底是谁留下来的呢？我不知道，也想象不出来，这让我有些烦躁。于是我撒腿就跑，不敢停留，飞奔向我的住处。我心里极度害怕，一边向前跑，一边不断回头看看有没有人跟着我。每次回头看到一丛树木或一根树干，我都怀疑是不是人。一路上，我脑子里出现了许多幻觉。我奔跑着像真的有人追赶我似的，一口气跑回自己的城堡——以后我就这么称呼我的海边住宅了。至于我是凭借短梯翻墙过去的，还是从外面的岩洞口进去的，我也想不起来了。反正，我如同一只被猎人追赶的兔子，钻到了自己的地洞里，心惊胆战，不知所措。

> 动作描写：表现出鲁滨逊的恐惧心理，生动传神。

一晚上我都没有睡着，我的恐惧感越来越强烈。这是因为我受到惊吓之后，浮想联翩，且总是往坏处想，结果越想越害怕。我一会儿想，一定是魔鬼捣鬼，不然这个孤岛怎么可能会出现人的脚印，谁把他送来的呢？他是怎么来的呢？如果乘船来的，那么船在哪里呢？为什么只有一个脚印呢？一会儿我又想，魔鬼来到岸边，只为了留下一个脚印吓唬我，那这个魔鬼也太无聊了，因为我不一定会看到这个脚印。如果要吓唬我，可以有很多方法，干吗用这么一个脚印呢？况且我一般都只在岛的这边活动，只是偶尔才去另一边，魔鬼不会跟个傻子一样把脚印留在一个我不大常去的地方，而且还留在不容易保持形状的沙滩上。只要一阵大风，脚印就会因被沙尘遮盖而变得模糊，这样笨拙的做法简直不像魔鬼的作风，在我眼里，魔鬼是十分狡猾的。

> 心理描写：一连串的问题，表现出鲁滨逊内心的慌乱、不知所措。

分析了一阵子，我觉得那应该不是魔鬼的作为。这样一

旅途中的大逆转

> 心理描写：在一阵恐惧后，鲁滨逊冷静下来，认真分析。

来，脚印一定是某种危险的生物留下的，可能是海岛对岸的那块陆地上的野人来了。他们也许本来只是划着船在海边航行，但是卷入了急流或者遭遇了大风，被冲到这边的岛上来了，上岸之后他们发现这是个孤岛，又乘船回去了。不然，我一定能遇到他们。

这些想法在我脑袋里萦绕着，刚开始我还庆幸自己及时跑了回来，没有让他们发现我，也没有暴露小船的位置。不然，如果他们发现了独木舟，就能够判断出这个岛上有人，说不定他们就会留在岛上搜捕我。

可是，我的脑子里又有一些恐怖的想法，说不定他们已经发现了独木舟，断定岛上有人居住，他们很快就会来寻找我，

> 心理描写：面对未知的力量，鲁滨逊充满了恐慌和对危险的害怕。

等找到了我就会把我吃掉。也许他们发现不了我，但是一定会发现围墙及外面的谷物和羊群，这样的话他们说不定会掠夺我的山羊，糟蹋我的良田，这样我就会饿死了。

于是，我开始指责自己的懒惰，易于满足，没有多种些粮食，每年种的粮食只够下一年吃，从来没想到过或许有意外发生。这种指责是合理的，所以我决定以后一定多种粮食，储存两三年的粮食。这样，即使我遇到什么意外，也不至于一年就饿死了。

> 排比：用这样的句式表达出鲁滨逊六神无主的心情，更有气势。

命运无法预测，在不同的人生阶段和生活环境中，人的情感也会发生不同的变化。今天我们所挚爱的，也许是明天我们所憎恶的；今天我们所追求的，也许是明天我们所躲避的；今天我们所盼望的，也许是明天我们所恐惧的。现在我就是一个典型的例子。之前，我觉得自己

最大的不幸是流落到这个荒无人烟的孤岛上,在这个与世隔绝的岛上可怜而寂寞地生活着。我一直想,如果遇到一个可以跟我说话的人,那简直是救了我的命,对我而言,我所追求的最美好的幸福便是有个能够交流的人。而现在,一旦察觉岛上可能会有人,我就害怕,只要看到那个可能有人来过的证明——那个脚印,我就害怕得恨不得能立刻钻到洞里藏起来。

我想,这也许是上帝对我罪行的惩罚,当然上帝也有力量拯救我,但是如果他认为不应该拯救我,我也并没有什么怨言,我会绝对服从他的安排,接受他对我的惩罚。同时,我也应该继续向上帝祈祷,静静地听从他的旨意。

我就这样翻来覆去地想着,花了几个小时、几天,甚至几周。这些想法在我身上产生了作用,我有必要跟大家说一下。一天早上,我刚醒来便被岛上可能有野人的想法折磨着,心里既悲伤又害怕。这时候我又想起《圣经》中的话:"若你于危难之中呼唤我,我必来拯救你,而你需要赞颂我。"于是,我立刻感到了宽慰,有了力量,愉快地起床,虔诚地祈祷,请求他能拯救危难中的我。做完祈祷之后,我拿起《圣经》来读,首先映入眼帘的是这样一句话:"等待上帝的到来,要勇敢坚强,要有坚定的意志。"这句话给我带来了巨大的安慰,我放下《圣经》,心里不再害怕,不再担忧,满怀感激。

之前我一直在胡思乱想,疑神疑鬼。突然有一天,我觉得这一切也许都是我瞎想出来的,一切都是我的幻觉。那个脚印说不定是我自己踩出来的,这个猜测让我心里高兴了一些,我努力说服自己相信这种猜测,相信那不过是我自己的脚印。因为,我既然可以从那里上船,也当然可以从那里上岸。前阵子我经常过去看我的独木舟,我也不能确定哪些地方曾走过,哪些地方没有走过。若是这个脚印确实是我自己踩出来的,我现

旅途中的大逆转

在在这里吓得提心吊胆的，岂不是很愚蠢，就像那些整天编鬼故事的人没有吓到别人，反而吓到了自己一样。

想到这里，我便鼓起勇气出了门，我大概三天没有踏出门口一步，家里除了一些大麦饼外，没有什么可吃的了。我也该去给乡间住宅里的山羊挤奶了，现在已经几天没有挤奶了，那些家伙们一定焦躁不安。实际上，因为好久没有挤奶，有几只山羊已经挤不出奶了。

> 动作描写：写出了鲁滨逊的机警，虽然信仰让他变得勇敢，但他仍抱有危机意识。

自从说服自己那个脚印是我的，这一段时间都是我自己在胡思乱想，我胆子就大了些，跑到了羊圈去挤奶。不过，路上我还是有些害怕，走走停停，回头看看，随时准备扔掉篓子，撒腿就跑。

连着三天，我每天都小心翼翼地跑去挤奶，不过三天下来，我什么也没看到，心里放松了些。我想，之前确实是我的幻觉。但我还是不能完全相信那个脚印是自己的，除非让我再去看看，用自己的脚丫子跟那个脚印仔细比较一下，看看是否一样大小、一样胖瘦。如果完全一样，我才能彻底放心。到了那边，我就立刻发现，当初我停独木舟后，绝对不可能从脚印那边上岸，而且更要命的是那个脚印比我的脚小很多。这两种情况加在一起，让我又变得焦躁不安、忧心忡忡、胡思乱想。我浑身发起抖来，像得了疟疾一样。我又冲回了家，我现在确信有一个人或者许多人来过这个小岛。总之，现在这里已经有外人了，说不定他们很快就会来袭击我。然而应该怎么保护自己，我却一点头绪都没有。

哎！恐惧总是令人做出愚蠢、荒唐的决定。首先，我想到的保护措施是拆掉羊圈，让羊回到树林去，变成野山羊。避免敌人发现我有圈养的山羊以后，更频繁地来骚扰我，侵占我的

山羊。其次，我还打算把我的两块田都糟蹋了，免得敌人发现了粮食之后，更频繁地来掠夺我的粮食。最后，我还应该把我的住宅统统毁掉，不然他们发现岛上有人，一定会到处搜捕，非把我逮住不可。

在我确认那不是我的脚印之后，这些想法便从我的脑海里冒了出来。像第一次发现脚印那样，我又开始害怕、担心、焦虑。由此看来，对危险的恐惧有时候比危险本身更可怕，而担心、焦虑所带来的压力又远远超过了事情本身带给我的压力。糟糕的是，我之前总是听从上帝的安排，从中获得心灵的安慰。现在身处危难，我却不能听从上帝的安排了，心灵也不能获得安慰了。我现在不知道如何让自己恐惧的心安定下来，乱七八糟的想法冲击着我的大脑，让我不能入睡。大脑昏昏沉沉的，到了早晨才好不容易睡着。醒来之后，我觉得心里踏实了一些，才开始理智地思考问题。我内心挣扎着，讨论着，最后我认为这个小岛风景优美，物产富饶，不远处还能看得见陆地，因此不可能没有人来。虽然目前我没有发现常住居民，但并不能排除对面陆地上有居民过来。

人物描写：鲁滨逊身心俱疲，无法排解，陷入了困境。

十五年来，我在这里没见过一个人。因为即便对面陆地上的人偶尔过来，也会尽快离开。或许，到目前为止，他们依旧认为这个岛上没有人，这个岛并不适合人类居住。

现在，于我而言，最大的危险是对面陆地偶尔来这里的居民，他们是被逆风刮来的，来到小岛完全是偶然，他们根本不愿意留在这个岛上，更不愿意在这里过夜。不

叙述：鲁滨逊从初到时迫切地想离开，到现在占地为"王"，对孤岛产生了不一样的情感。

旅途中的大逆转

然，潮水一退，天色黑了之后，他们要离开岛就非常困难。所以，我的当务之急是找到一条隐蔽且安全的小路，若是看到野人上岸，我就立刻躲藏起来，其他事就不管了，反正他们会很快离开的。

现在，我后悔把岩洞挖得太大了，更郁闷的是，我还把洞口挖到了围墙外面。经过一番思考之后，我决定在围墙外面再修筑一道半圆形的防御工事。之前两排树种得很密，现在我又在两排树之间打了一些树桩，树干之间就更紧密了。

这样，我就有内外两道墙了，我又找了些废旧木料之类的东西进一步加固我的内墙，还在墙上开了七个小窟窿，大小正好能伸出手。围墙里面，我又用泥土将墙角进一步夯实巩固。这样内墙被我加厚到了十多英尺厚，七个窟窿是用来放枪的。

叙述：鲁滨逊为了御敌做了许多准备，认为外来人会对他造成威胁。

我总共有七支枪，现在我把它们都用支架架起来，分别安置在窟窿口，像城墙的七门大炮。这样，一旦敌人来犯，我可以在两分钟内打七枪。为了这个防御工事，我忙碌了好几个月，一直到完全完工，我才稍微有了点安全感。

上面的事情做好之后，我又在围墙外的空地上插了最容易成活的杨柳树的树桩，密密麻麻的，差不多有两万多个。在杨柳树和围墙之间我留出了一片很宽的空地，如果敌人来袭击我，在这片空地上他们是难以掩蔽起来的，我却很容易发现他们。

两年后，我住宅前就有了一大片茂密的森林，五六年后，这片森林里的树又粗又壮，一棵紧挨着一棵，简直无法通行，绝不会有人想到树林后面竟然有住宅。我没有在这片森林里留小路，因此我现在进出住宅得用两个梯子。在树林侧面岩石较低的地方有一个，岩石上有一块凹进去的地方，又放了一个。如果不通过这两个梯子，想靠近我的城堡就很容易进入我的射击范围，即便他能顺利穿过树林，也只能到达围墙的外面。

环境描写：鲁滨逊的城堡有着很高的隐蔽性。

可以说，我穷尽了一切智慧来保护自己。以后你们可以发现，我这样做完全是有道理的，尽管现在还没有遇到什么危险，我所恐惧的也只不过是个脚印而已。

在加强防御工事的时候，我并没有停止其他工作。我对山羊群十分上心，我不必浪费子弹，也不必设置什么陷阱或机关，就可以随时吃到山羊肉，喝到山羊奶。我当然不愿意因为现在所遇到的危险而放弃驯养山羊。为此，我思考了很久，想出两个办法来保护我的山羊：一是找个隐蔽的地方，挖一个地洞，每天晚上把山羊赶到地洞里；二是再重新圈几块地，弄几个羊圈，几个羊圈要相隔远一点的距离，越隐蔽越好，每个羊圈里只放养几只山羊，万一有一个羊圈里的山羊被敌人发现后掠走，我还有其他的山羊群。这个方法虽然需要付出大量的劳动，但我觉得这个方法倒是可行。

平铺直叙：鲁滨逊关心山羊，因为这是重要的食物来源，是在岛上生存下去的保障。

我花了一点时间在周围转悠，最后发现一处很隐蔽的地方，非常符合我的要求。那是一片低洼地，周围是茂密的树林，上次我从岛的东边回海边住宅的时候就在这里迷路了。这块空地差不多有三英亩，四周本来就有茂密的树林作为天然屏障，所以在这里圈地稍微容易一些。

环境描写：鲁滨逊在选择地方时充分思考，仔细斟酌。

旅途中的大逆转

于是，我立刻行动起来，只用了一个多月就给这块地围上了一圈篱笆。然后我又移过来两只公山羊和十只小母山羊，经过前段时间的驯养，现在这些山羊已经很乖巧了，放在这里很安全。把山羊迁移过来之后，我又加固了篱笆，这次花的时间倒是少一点。

以上我所从事的各种繁重的劳动，其实都仅仅是被那只脚印带给我的恐惧所驱使。不过即便到现在，我也只看见了脚印，没有看到任何人。在这种忐忑中，我又安全地过了两年，但是这两年我的心情远没有以前那么愉悦。更令我难过的是，这种忐忑的心情严重影响了我的生活。因为每时每刻，我总是为自己可能被野人袭击而焦虑，没法专心祈祷。即便祈祷，内心也不能获得以往的满足与宁静了。即便在祈祷的时候，我的心情也是苦闷的，我整天担惊受怕，神经紧绷，生怕野人来袭击。

这个脚印到底是谁留下的呢？你有哪些猜测？

13. 深居简出的生活

由于处境危险，我总是焦虑，这使得我不再为了追求更舒适的生活而积极发明创造。我觉得这是一种正常的现象，因为我当前的任务是保证自己的安全，保证自己活着，而不是追求更加舒适的生活。我连个钉子都不敢钉，连块柴都不敢劈，生怕声音太大被野人听见，更不用提什么开枪打猎的事情了。最令我难过的是生火做饭的事情，我意识到烟雾很容易把自己的位置暴露。因此，所有需要生火的事情，我都跑到乡间住宅做。在那里住了一段时间后，我无意中发现了一个洞穴，这个洞穴很深，是天然形成的。这给我带来了很大的安全感。我敢保证，即便有人来，也不敢轻易进入这个洞穴，只有像我这样一心想着寻找隐蔽的藏身之所的人才会冒险进入这么深的洞穴。

> 心理描写：害怕发出一切被人发现的声音，鲁滨逊不敢涉险。

> 叙述：鲁滨逊找到了躲藏的好地方，不愿与任何人发生冲突。

洞口隐蔽在一块大岩石的下面。一天，我在岩石边劈柴，准备烧点木炭，偶然发现了这个洞口。在讲这个洞口之前，我先说说为什么我要烧木炭吧。

前面我提到过，我不敢在海边住宅生活，可毕竟我大部分的时间都在那边，需要解决烤面包、煮羊肉的问题。因此，我想到可以把木头放在草皮泥层下面烧，将木柴烧成木炭，然后把木炭带到海边住宅去，烧木炭基本不会产生烟，危险性就小多了。

旅途中的大逆转

现在回到洞穴的事情上来。那天，我正在劈柴，抬头的时候发现一堆矮树丛后面好像有个坑，我很好奇，便走过去看看，发现是个大洞，里面很高、很宽敞，可以供两个人在里面并列行走。我刚进去朝里面看了一下，就吓得跑出来了。因为在黑暗中，我突然看到两只闪亮的大眼睛，洞口有微弱的光线射进去，那两只大眼睛反射着这些光线，像闪亮的星星。我不知道这是人的眼睛，还是魔鬼的眼睛。

> 比喻：把看到的两只眼睛比喻成星星，写出了眼睛的闪亮，充满了神秘感。

过了一阵子，我紧张的心情稍微平复了一下，我就嘲笑自己是个傻瓜。我嘲笑自己：孤身一人在岛上生活了二十年，竟然还怕魔鬼。于是，我点了个火把，提了一口气，重新又钻了进去，可是刚走几步，就差点吓晕了，因为我清楚地听到了一声很响亮的叹息声，就像一个重病的人发出的呻吟。之后又是一些窸窸窣窣的声音，像一个人在嘀咕什么，接着又是一声长长的呻吟声。我慌忙逃出了洞，浑身冒着冷汗。若是我当时戴着帽子，帽子肯定掉了，因为我吓得头发都竖起来了。可是，我还是继续鼓励自己，尽量让自己勇敢点，我想上帝是无所不在的，他一定会保佑我的。心里这样想着便多了点勇气，于是我把火把稍微举高了些，又走了进去。借着明亮的火光，我发现地上有一只巨大的山羊，它非常衰老，已经奄奄一息了，每呼吸一次看起来都很困难。我推了一下它，试图把它撵出去，可是它努力地动了一下，连爬都爬不起来了。我想，就让它在那里躺着吧，既然它能吓我一跳，只要它还活着，就能吓唬其他闯入这个洞穴的人。

发现是只山羊后，我总算放下心来，开始观察洞里的情况。我发现这个洞穴是天然形成的，不方也不圆，周围大概十

二英尺的样子。洞的尽头还有一处更深的地方，乌黑，很低矮，只能爬进去。这个洞通到哪里我并不知道，当时我只带了火把，没带蜡烛，不好爬进去看，我想下次带上蜡烛和火绒盒进去看看，火绒盒是我自己用短枪上的零部件做的。

> 环境描写：交代了山洞的布局、环境。

第二天，我拎着六根蜡烛又来了，这些蜡烛是我自己做的，现在我能用羊脂做出上等的蜡烛来。那个小洞太矮，我只得在地上爬。现在想来，这真是一次勇敢的冒险，因为我不知道要爬多久，也不知道会遇到什么。前进了十来码之后，眼前豁然开朗，这是一个宽敞的大洞，高有十英尺，整个洞穴的四壁和洞顶，在我的两根蜡烛的照耀下，反射出耀眼夺目的光芒。我第一次看到这么绚丽的光芒，我不确定岩石中的是金子还是钻石，或者是什么其他宝石，总之一定是这一类的珍宝。

虽然这里没有光线，但看起来非常美丽，令人愉悦。洞里很干燥，地面上是一层细细的沙石，这种地面不会有恶心的毒虫到处爬，唯一的缺点就是入口太小，只能爬着进出。不过，反过来想，这使得这个洞更加安全和隐蔽，而这正是我想要的，这个缺点反而成了它独一无二的优点。这个洞穴的发现让我欣喜若狂，我立刻决定把我最不放心的东西统统搬过来，尤其是火药和多余的枪，包括三支短枪和两支长枪。我在城堡里还留了一部分枪，以防万一。

> 细节描写：事物都有两面性，要辩证看待。

转移武器装备的时候，我顺便把那桶受潮的火药桶打开了，结果发现火药四周进了三四寸的水，干了之后变得硬邦邦的，可是里面没有浸水的地方仍然很干燥。原来外面变硬的那

> 比喻：把变硬的火药比喻成坚果的壳，十分生动。

> 旅途中的大逆转

些火药像坚果的壳一样保护着里面的火药,我又得到了差不多六十磅火药,这真是个意外的收获。我只在城堡里留了三磅火药以防意外,其他都搬到这个山洞里来了。此外,我把做子弹的铅也都搬来了。

我觉得我像个古代的巨人。传说中,巨人都住在洞穴里,没人能够攻击到他们。我想,若是我藏在洞里,即便有五百个野人在岛上到处搜寻,也绝不会找到我的,就算他们发现了我,凭我拥有的火力,他们也不敢向我进攻。

我发现洞穴后的第二天,洞口的那只山羊就死了,我想把它拖到远处,但仍会有难闻的死山羊的味道,不如在附近挖个坑把它埋了省力气。于是,我把山羊埋在了附近。

> 心理描写:曾经渴望冒险的鲁滨逊在时间和苦难的磨砺下逐渐屈服,想要安稳的人生。

这是我在岛上生活的第二十三个年头,我完全适应了远离人群的生活方式,也适应了岛上的一切。如果不是总担心有野人,我宁愿在这里度过我的一生,就像洞口的那只山羊一样。同时,我还有一些小的消遣和娱乐活动,给我的生活增添了许多的快乐。

之前,我提到有时候我会教鹦鹉说话消遣时光,现在它说得既清楚又熟练,实在让人开心。这只鹦鹉跟在我身边二十六年了,至于它到底活到什么时候,我也不清楚。不过在巴西,人们都认为鹦鹉的寿命是一百多年,也许我那只会说话的鹦鹉至今还活着,还在树林里喊着:"鲁滨逊,你在哪里?"假若有倒霉的英国人跑到岛上听到鹦鹉说英语,肯定会吓一大跳,说不定以为碰到魔鬼了。

我的狗也是个忠实而可爱的伙伴,它跟在我身边大概十六年,后来老死了。至于猫,它们的繁殖能力太强了,后来我不得不开枪打死了许多只,不然它们就会把我的食物偷吃光了。

从船上带下来的两只猫后来老死了，繁衍的小猫被我不断驱赶，都跑到森林里去，渐渐变成了野猫。有两三只我很喜欢的小猫一直养在身边，一旦它们生出小猫，我就只能把小猫淹死。除了羊圈里的山羊，我还在身边养了两三只小山羊，我常常逗它们，让它们吃我手里的谷物。后来我还养了两只鹦鹉，鹦鹉也会说"鲁滨逊"，还有一些其他的词语，但是都不及第一只鹦鹉那样聪明伶俐，当然我也没有花费太多的时间教它们说话。我还养了几只叫不出名字的海鸟，都是在海边抓到的，我把它们的翅膀剪去，养在围墙外面。围墙外面的树桩已经长成茂密的树林了，小鸟在那里栖息着，还养育了后代，特别有趣。因此，正如前面我所说的，若不是总担心有野人，我完全可以过着舒适悠闲的生活，而且我对这样的生活也很满意。

交代说明：鲁滨逊已适应小岛生活，并感到十分满意。

前面我已经说过，这是我在岛上生活的第二十三年，当时是冬至前后，当然虽说是冬至，这里根本不冷。在岛上，冬至意味着粮食收获的时节到了。我不得不经常外出，一大早就出门，一直到晚上才能回来。一天，我突然看到小岛尽头的海滩上有一片火光，距离我这边只有两英里，我真是吓坏了，因为那儿我曾发现野人来过的痕迹。最令我痛苦和害怕的是，火光不是在岛的另一边，而是在我城堡这边的海岸上。

我吓得不敢动弹，待在原地，唯恐被野人发现。可万一那些野人到处走，就会发现我的庄稼，或者发现一些我留下的其他痕迹，他们因此能判断出岛上有人生活，那样，他们绝不会轻易放过我的。想到这里，我拔腿就跑回了城堡，把梯子都收到墙内，而且把墙外的东西都尽量弄成没人生活的样子。

我快速地装好弹药，架好枪，做好了防御准备。我决定誓

旅途中的大逆转

心理描写：写了鲁滨逊对付野人的方法，且并不想与野人发生冲突。

死抵抗，同时，我也没有忘记真诚地请求上帝的保佑，希望他能保佑我不被野人捉到。就在这种状态下，我大概等了两小时，城堡外什么声音都没有，我又特别想知道外面到底怎么了，可是我没有探子出去打探消息。

我又在家里等了一会儿，坐立不安，琢磨着怎么应对这件事。最后我实在是急坏了，迫切地想知道外面到底发生了什么。于是，我把梯子搭在山岩边的坡上，又爬到山顶。我趴在山顶，拿着望远镜观察，发现那边大概有十来个没有穿衣服的野人，围着一堆篝火，他们生火当然不是为了取暖，因为现在天气很热。我想，他们一定是为了烧战俘，至于是个活的战俘还是已经被杀死的，我就不知道了。

有两只独木舟已经被拉上岸，那时正好退潮，他们应该等退潮的时候才回去。看到这些，我心里既紧张又慌乱。尤其是他们已经离我这么近了，难以想象我有多么害怕。但是我发现，他们必须趁着退潮的时候上岸。那也就是说，如果他们不在岸上，在涨潮期间，我可以安心外出，收割我的庄稼。

果然，过了一会儿，潮水开始退了，他们准备离开，在离开之前，我用望远镜看到他们手舞足蹈地在那里跳了一个多小时。虽然看不清男女，但是所有人都没有穿衣服。

动作描写：鲁滨逊动作迅速，小心翼翼，生怕被发现。

看到他们上船离岸，我立刻背起两支长枪，在腰带上挂上两支短枪和一把腰刀，往靠海边的山岗跑去，就是我第一次发现有野人脚印的山岗。我拿的东西太多了，跑不快，花了两小时才跑到山顶。一上山顶我发现除了刚才那两只独木舟，这边的海岸还有三只。这五只独木舟在海上会合之后，往小岛对面的大陆方向驶去了。

对我来说，今天这件事太可怕了。等我走到岸边，看到他们留下来的血迹、人骨，还有成块的人肉，联想到他们毫无人性地杀戮、吞食，还开心地跳舞，我愤愤不平。

这又让我下定决心，不管下次他们来多少人，也不管他们是什么部落，只要让我再次碰到他们杀人、吃人肉，我就把他们全部杀了。

我发现这些人实际上很少来岛上，这以后，他们大概隔了十五个月才来。在这十五个月中，我一直没见过他们，也没有发现什么脚印或者其他野人活动的痕迹。我判断他们在雨季应该很少外出，至少不会大老远跑到这个岛上来。我因为时时刻刻担心他们会袭击我，所以每天都过得提心吊胆。

在这段日子里，我又开始琢磨怎么杀掉这些登岸的野人，很多时候我什么活也不干，就在那里费尽心思地计划。我想到了许多计划，比如下次再次遇见他们的时候，如何发动攻击，还要提防他们像上次一样分两股人来。

我焦虑不安地煎熬着，总觉得自己会落到那些没有人性的野人手里，即便偶尔壮起胆子出门，也是小心翼翼、东张西望的。幸好很早之前我就驯养了许多的山羊，因为现在我是绝对不敢开枪的，尤其在他们出现的那些地带。

可是，连续十五个月，我竟然没见过一次野人。当然也可能他们来过，只是没在岸上停留太久，也可能是来的时候我没听到他们的动静。现在我在岛上已经生活了二十四年了，在这一年的五月份，我又见到了野人，这是一段神奇的经历。

在过去的十五个月里，我总是焦虑不安，这导致我晚上睡得不踏实，而且还噩梦连连。白天我也无精打采、忐忑不安。这些暂且先不说，大概到了五月十六日的样子（这个日子是根据我在柱子上刻的凹痕计算的），我依旧坚持每天往柱子上刻

旅途中的大逆转

环境描写：
渲染了孤寂可怕的氛围，为接下来发生的事做铺垫。

凹痕，不过现在可能已经有一两天的误差了。这天天气十分糟糕，电闪雷鸣，暴雨如注，从白天下到晚上。我正在读《圣经》，突然听到了枪声，枪声是从海上传来的，这让我很意外。

细节描写：
这声枪响意味着将遇到的人不是野人，而是文明人，令鲁滨逊惊喜过望。

听到枪声之后，我立刻跳了起来，我判断这个意外的枪声应该与我之前碰到的事情并不一样，于是火速地跑出去，爬上梯子，冲到了山顶上。刚到山顶，又是一道火光，我知道那是枪发出来的，大概三十秒钟之后，我听到了枪声。根据枪声，我判断开枪之人大概位于岬角岸边的急流附近。

我想应该是有船遇难了，并且这条船有结伴而行的其他船，刚才的枪声是向其他船发出的求救信号。我很镇定，毫不慌乱。我想，即便我不能救他们，他们倒是可能对我有帮助。于是，我快速地收集了周围的干树枝，堆成一大堆，然后点燃了。虽然有风，但是树枝都很干燥，火烧得很旺。我相信，只要附近海上有船，一定都能看到这堆火。事实上，他们都看见了，因为火堆

动作描写：
点燃的不仅是干树枝，也是鲁滨逊内心的希望之火。

刚燃烧起来，我就听到了好几声枪响，都是从岬角那边的海域传来的。我在山顶烧了一夜的火，天亮后，海面很平静。我发现在远处的海面上，也就是岬角方向的海域，似乎有个东西，但是看不太清楚，因为距离有些远，再加上海上还有些雾气。

大半天工夫，我都一直瞅着海上那个不太清楚的东西，但是它一动不动。我想那可能是一条抛锚的大船。我太急切地想知道是什么东西，立刻拿着枪朝那边跑去，到了那边，我发现

13. 深居简出的生活

是一条大船触礁了。我的心里有说不出的悲伤。实际上，上次我乘着独木舟航行时就发现了那边的暗礁，正是这些暗礁挡住了急流，形成一股回流，使得我死里逃生。

可是，同样的事物对于有的人来说是安全的，对于另外的人可能是危险的。我想船上的人不熟悉地形，这些礁石又藏在水下，再加上昨天风雨交加，根本看不清楚，很容易触礁。如果他们昨晚看到这个小岛，一定会划着救生艇上岸。估计他们没有看到小岛，只是发射信号枪求救，尤其看到我生的大火之后，又多次放信号枪请求援助。我脑袋里充满了各种假设。

也许他们看到我点的火堆之后，乘坐救生艇继续向岸上划行，但是昨晚风太大，把他们刮走了；或者遇到了上次我遇到的那股急流，被冲到大海里去了，冲到大海里就只有死路一条了，说不定他们现在已经饿晕了。也许他们的船上已经没有救生艇了，这种情况也是有可能的，当大船遭遇大风浪时，有时不得不拆掉救生艇。也许他们有几条同行的船，在这条大船触礁后，所有人都逃到了其他船上，乘坐其他船走了。

当然，这都是我的猜测而已。我现在无能为力，只能眼睁睁地看着这些人遇难，除了为他们难过，什么办法也没有。可是通过这件事，我意识到上帝对我有多好，我更加感激上帝的恩宠。尽管我身处孤岛，但日子过得很舒适。

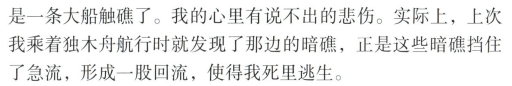

心理描写：鲁滨逊面对这样的场景无能为力，同时也对如今的境地心怀感激。

就拿眼前这条船上的人来说吧，我估计很难有人能幸存下来，更不要说全体船员都能幸存。他们唯一生存的希望是有同行的船只搭救他们，我觉得基本没这种可能性，而且也没发现他们被搭救的迹象。

看到这样的情景，我心里有一种说不出的孤独，我比任何

旅途中的大逆转

时候都希望我能有个伙伴。哪怕只有一个人能幸存也好啊,这样他可以与我做伴,至少我有个能一起说说话的人。这么多年来,我一直一个人生活着,可从来没像今天那样渴望有个伙伴,也从来没有像今天那样深切地体会到孤独的痛苦。

> 叙述:鲁滨逊渴望与人相处交流,他内心十分孤独和痛苦。

在人的情感里,往往有一种原动力,这种原动力如果被某一目标吸引,不管是具体的抑或是抽象的目标,这种原动力都会驱使我们不顾一切地向目标奔去,若是达不到那个目标,就会深陷痛苦之中。

我无比希望有人能幸存,即便只有一个人也好啊。我的愿望是如此强烈,以至于在我说这句话的时候我紧紧地握住了拳头,若是有东西在我手里肯定会被我攥碎。

> 假设:表现鲁滨逊愿望的强烈,他极度渴望同伴。

但没有人幸存,或许他们命中注定死于这次海难,或许是我命中注定没有伙伴,或许是我们都命中注定不能相识。直到离开岛,我也不知道船上有没有人幸存。更令我悲伤的是,几天后,在船触礁的海域附近,我在海滩上发现了一具年轻人的尸体,他穿着水手的背心、蓝色衬衫和麻纱短裤。我无法判断他是哪里人,不过从他口袋里我找到了一个烟斗,还有一块西班牙金币。对我来说,烟斗的价值高于金币十倍。

此时,海面已经很平静了,雾气也散了。我迫切地想到那条船上去看看,船上应该有不少有用的东西。更重要的是,我被一个强烈的愿望驱使,我希望船上有人幸存,这样我就能救他。如果能救活一个人,对我来说是莫大的安慰。这个愿望驱使着我,让我只

> 叙述:鲁滨逊太希望能有同伴了,内心充满了希望,又很害怕失望。

旅途中的大逆转

13.深居简出的生活

想到船上看看。

我连忙赶回城堡准备，装了点大麦饼、葡萄干，带了一罐淡水和一瓶甘蔗酒，还带上了罗盘，我带着这些东西到了藏独木舟的地方，我先把独木舟里的水弄出去，让独木舟漂起来，把这些东西放好。接着我又回到城堡拿了一袋大米，还有伞，又装了一罐淡水和一些大麦饼，还有一瓶羊奶和一大块奶酪。等我把这些东西弄到船上时已经汗流浃背了。我祈祷上帝保佑我一路平安，之后便出发了。我先沿着海岸行驶到岛的东北角，我需要从这个地方往海里行驶，看着岬角边的两股急流，回忆起上次的遭遇，我突然感到有些害怕。如果再被卷入急流，我很可能没上次那么幸运了。

我觉得自己压力很大，不得不把独木舟拉到了沿岸的河里，又回到岸边。我坐在岸边，心情郁闷，我害怕极了，又迫切地想去船上看看情况。正在我纠结的时候，潮水开始上涨。这样一时半会儿我肯定不能驶入大海了。我突然想到，我应该先观察潮水上涨时急流的方向，假如我被其中一股急流冲到大海里去，是不是可以借助另一股急流回到岸边。我马上爬到附近的山岗上，在这里可以清楚地看清两股急流。到了山顶我发现，退潮时，急流沿岛的南部向海里流去。涨潮时，急流沿着岛的北部往岸上流。我想我可以凭借北边涨潮的急流回到岸边。仔细观察了这两股急流之后，我信心倍增，决定先在这里过一夜，第二天一大早出发。

动作和心理描写：鲁滨逊内心燃起了希望，但危险四伏，他极有可能在此遭遇海难。

第二天，我没行驶多久就遇到了急流，不过急流的速度并不算快，我能掌控小舟的方向。我用力握着船桨，用船桨掌控方向，努力向那个触礁的船驶去。差不多两个小时后，我就到

旅途中的大逆转

了触礁的船附近。

从外形来判断，这应当是西班牙的船。船头挤在两块礁石之间不能动弹，船头还完好，但是船尾和后舱已经被海浪打碎了，桅杆都倒在了甲板上。

我靠近船的时候，看到船上有一条狗，狗见到我就汪汪叫起来。我招呼它，它立马跳到海里游到我这边，我把它弄到独木舟上，它已经饿得不行了，我给了它点面包和淡水，它大口吃起来，像半个月没吃肉的狼。

我上了大船，看到前舱的厨房里有两个人，他们紧紧抱着，已经淹死了。看来大船触礁的时候，海浪打在船上，船上的人是窒息而亡的。除了狗，我没发现其他活的生物。船上的东西都被海水泡了，舱底有几桶酒，但是酒桶太大我搬不动。我发现了几只皮箱，大概是水手们的。我来不及检查里面有什么，就拎了两只放到独木舟上。

如果是船尾触礁，那船上应该能保存下更多的货物。除了这两只箱子，我还找到了一小桶酒，也搬到了独木舟上。船舱里还有短枪，这对我没什么用处，我没拿。我还发现了一只盛着四磅火药的大角桶、一个火炉铲和一把火钳，这都是我所需要的，后来我拿了一把铜壶、一个铜锅，还有一个烤东西用的铁耙。我把这些都弄到船上，带上那条狗，返航了。回家时天已经黑了，我累坏了。

细节描写：鲁滨逊挑选了生存所需的物品，他已经拥有丰富的生活经验。

当天，我直接在小船上休息了一晚上。第二天，我决定把这些新得到的东西搬到洞穴里。我吃了早餐，先卸船，把东西搬上岸，并查看了一下搬回来多少东西。那一小桶酒是甘蔗酒，味道与巴西的甘蔗酒差很远，很难喝。两只皮箱里的东西很有用，一只皮箱里有一个精美的小酒箱，里面的酒瓶里装着烈性酒，瓶口还包着银子。还有两罐蜜饯，密封得很好，没有泡水。剩下的都是衣服，其中有不少衬衫，这正是我想要的，还有一打麻纱手帕，这种东西用来擦脸非常舒服。此外，箱子里还有三大袋子西班牙钱币、一千多枚金银币、六块金币和一些金条。这个箱子的主人应该是个非常富有的人。第二只箱子里面装了三瓶压成颗粒状的火药，这大概是装在长枪里的，还有五十多枚西班牙银币，这个里面倒是没有金币，应该是个穷人的箱子。

总体来说，这次出海我还是收获了不少东西，当然这些钱币是毫无用处的，如果有人拿几双袜子和鞋子来换我所有的钱币和金条，我是非常乐意的。我已经好多年没有鞋袜可以穿了，这次我从船上的遇难者身上脱下来两双鞋，还从一只箱子里找到了两只便鞋，这种鞋子没有英国的鞋子舒适和耐穿。我把所有的东西（包括钱币）都运到了洞里。假如有一天，我有机会获救回到英国，这些钱币放在这里也不会丢，等将来我再回来取也可以。

> 虽然在孤岛已很多年，但鲁滨逊仍心怀希望，他积极乐观，目光长远。

把所有东西安置好之后，我又把小船藏到原来的地方，疲惫地回到了城堡。生活又恢复了平静，日子还是像之前一样过得很舒适，我怡然自得，只是稍微谨慎点罢了。

我不经常外出，即便外出，也只在小岛的东部活动，我觉得那边野人暂时还没去过，不必太过提防，也不用带太多武器装备。如果去其他地方，我就多带几支枪。

就这样我又平静地生活了两年，在这两年里，我总是想着各种逃离孤岛的办法，尽管我知道这实现不了；我想到船上看看，尽管我知道船上没什么东西值得我冒险；我还

> 心理描写：鲁滨逊不安分的心又开始躁动，十分纠结。

旅途中的大逆转

想乘着我的独木舟到处转悠。我总是想，假如我有一艘不错的小艇，就像从萨累逃出来乘坐的那艘一样，我一定会逃离这个孤岛，不管能漂到哪里。

人往往不知足，对于上帝和大自然的恩赐他们永远是不满足的。现在我意识到人们的苦难大多因此造成。也许这种人可以从我的人生经历中得到一些有益的教训。比如我不满足于在父母身边的生活才落到今天的地步；或者当初我满足于在巴西做种植园主，慢慢积累财富，也许我也能成为富裕的人，而现在我在孤岛上孤独地生活着。现在想想，我为什么放弃好好的家业，跑去非洲贩卖黑奴呢？如果我耐心地经营我的种植园，我就有足够的钱去买黑奴啊！虽然价格昂贵，但没必要为了省点钱去冒险啊！

> 心理描写：鲁滨逊的自我安慰，同时也在教育读者。

我的命运正是所有不谙世事的年轻人的命运。不经历磨难，不付出昂贵的代价，他们永远不会意识到自己的行为有多么愚蠢和可笑。我现在就是这种情况，我一直不满足，不安于现状，老是谋划着如何逃离这个荒岛。我先跟大家讲一下这个逃跑计划是在什么情况下产生的，又是何等的荒唐吧。

这次从触礁船回来之后，我回到城堡继续孤岛生活。现在我非常有钱了，但是钱对我一点用处都没有。我在这里已经生活了二十四年，现在是三月，正值雨季。夜里，我躺在床上睡不着。我的身体并没有不舒服，心里也没什么难过的事情，但就是睡不着，整个晚上竟然没合眼。

> 所谓"无知无畏"便是如此。

我躺在船上，各种乱七八糟的想法充斥着我的脑子。我回忆了这些年的孤岛生活，想起

旅途中的大逆转

13.深居简出的生活

当初为什么会流落到这里,又是如何熬过这孤独的二十四年的。

刚来岛上那几年我过得非常惬意,脚印的发现改变了我的生活,我开始焦虑、忐忑、忧心忡忡。我知道在发现脚印之前,这些野人已经来过岛上,那时候我便处于危险的境地,只是我不知道,所以过得非常惬意。

我开始认真考虑岛上我所面临的危险,这些危险是实实在在存在的,而我之前却毫无顾忌地在岛上走来走去,对危险没有一点防患意识。实际上,可能是一个小山岗、一棵大树或者夜幕来临才让我免于最残忍的杀害:被野人逮住,像宰山羊一样被宰了吃掉。我由衷地感谢上帝的保佑,在我没有发现危险的时候一直保佑着我,否则我到处乱走,早就被野人逮住了。

我又想到那些丧失人性的吃人的野人。我纳闷,这些吃人的野人住在哪里?不错,他们是住在对面的大陆。那么那个大陆离这里究竟有多远?为什么那些野人会大老远跑到这里吃人?他们造的小船是什么样子的?他们既然能过来,是不是我也可以到他们那边去看看呢?当然,我并没有深入地考虑遇到了野人怎么办。比如我被野人逮住该怎么做?他们追我,我该怎么逃?

> 心理描写:鲁滨逊对一切充满了好奇,不安分的心蠢蠢欲动。

总之,许多问题我都没有深入想过,我只是想着乘船去野人那边看看。我觉得,反正现在我的处境已经是最惨的了,除了死,似乎没有比我现在更糟的状况了。我想,只要到了对面的大陆,我就得救了。或者,我可以划着我的独木舟沿着海岸一直航行,一直漂到有人烟的地方,说不定路上会碰到商船,那样我也会得救的。最糟糕也不过是死。请大家原谅,当时我的心里非常烦躁,所以才有了这样的想法。而导致我烦躁不堪

旅途中的大逆转

的是长期以来坎坷的人生经历，再加上最近我上了那条触礁船之后，更加烦躁、失落。原本我想能在船上救下一两个人来，这样我就有可以说话的对象了，说不定还可以从他们那里得知孤岛的具体位置，如何获救，等等。这都是我冒着生命危险去触礁船的原因，可是我一点收获都没有。这些都让我郁闷、烦躁、冲动。在遇到触礁船之前，我的内心是平静的，可是现在，我无法平静下来，无法让自己的脑袋停止思考，我每天都在筹划着怎么到对面的大陆去，这样的想法让我无法安心做事，甚至激动得热血沸腾。

> 解释说明
> 鲁滨逊从大船上没能救下人，内心十分痛苦。

我不断地想，直到累得睡过去。或许有人说日有所思，夜有所梦，梦里我会登上对面的陆地。可是我竟然从没有做过那样的梦，倒是做了个跟这些一点关联都没有的梦。梦中，我一大早出门，突然看见海面上有两只独木舟，独木舟上有十一个野人，停靠在孤岛的岸边。上岸的时候，我发现他们带了一个被绑着的野人，他们正要把那个绑着的野人杀了吃掉，那个野人突然跳起来跑到我城堡外面的树林里去了。我正好看见他，微笑着向他招手，示意他不要害怕。他跪在我面前，似乎在求我救他。我领着他进了我的城堡，他成了我的仆人。有了野人做仆人之后，我就想，我现在可以去对面的大陆了，这个野人可以给我当向导，告诉我该怎样行动，怎样弄到食物，什么地方不能去，以免被其他野人抓到……正这样想着，我就醒了。梦里，我觉得自己有获救的希望，高兴得不得了；等清醒过来，发现是一场梦，又失望极了。

但是这个梦给了我一个新的启发：若想摆脱孤岛生活，我就要找一个野人来帮我；而且有可能的话，最好是一个被其他野人绑来准备吃掉的俘虏。但这个目标实现起来太困难了，需

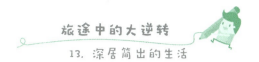

要打死一群野人。这种做法风险性太大,很可能会出差错;而且一想到要杀害那么多野人,我不由得害怕起来,虽然我这样做是为了让自己获救。

我内心特别矛盾,思想进行了激烈的斗争。最终我决定,无论如何都要弄一个野人来。

野人凶狠无比,没有受过文明的教育,难以交流,你有什么办法收服或赶走他们吗?

旅途中的大逆转

14. 我的仆人"星期五"

第二天，我就准备实施这一行动了。我首先得观察，看看他们什么时候来小岛，接下来只能见机行事。

> 转折：鲁滨逊的态度发生了巨大改变，他很想改变现状。

我一有空就去山岗上观察，日复一日，一连一年半，我都没有发现有小船上岸，但等待了这么长时间并没有让我放弃，反而让我更加迫不及待。总之，我之前小心谨慎，生怕遇到野人，但是现在反而急切地想遇到他们了。

我现在自认为有足够的能力驾驭一个野人，甚至两三个也行，这样我就有奴隶了，吩咐他们做什么都行，并且我有能力让他们伤害不了我。我为自己的想法得意了一番。可是，事情一点眉目也没有，一切都只是幻想，因为事情的关键是野人根本没有出现。

没有野人，我的计划就无法实施，就这样又耗了一年多。一天早晨，我去山岗观察的时候，忽然发现有五只独木舟靠岸了，船上的人都已上了岛，但不知道他们去了哪里。我知道，一只独木舟一般可以坐五六个人，现在一下子来二三十个人，这把我的计划打乱了，因为我一个人根本对付不了那么多人，怎么样把他们全杀死呢？我一时想不出好办法来，只好先躲到城堡里，又着急又焦躁。最终，我决定冒险，一有机会，立即行动。我耐心地等了很久，留意他们的动静，实在忍耐不住了，就悄悄爬到山顶，找了个隐蔽的地方待着，避免被他们发现。我用望远镜观察，发现他们不止二三十个人，他们正手舞足蹈，围着火堆跳舞，火上正在煮肉。至于煮的什么肉，我就不知道了。他们的舞姿很奇怪，很难看，不过他们似乎跳得很开心。

> 动作描写：鲁滨逊焦躁不安，既害怕寡不敌众，又希望能制服野人。

跳完舞，他们从小船上拖出来两个野人。这两个野人之前是在船上的，现在被拖上岸。其中一个被其他野人用木棍乱打了一顿，倒了下去。接着便有两三个野人把他的胸膛划开，准备煮了吃。另一个俘虏被撂在一边，这时，这个可怜的家伙看见自己手脚被松了绑，没人注意他。他立刻转身奔跑起来，沿着海岸向我这边跑来，他跑得很快，简直像飞一样冲到我这边来。

> 动作描写：写出了野人逃命时的惊慌失措，十分传神。

我吃了一惊，心想那些野人一定全都会来追他。这时，我看到我梦中的一部分情景竟然在现实中上演了：那个野人会在我城堡外的树丛中藏起来。可是梦中的其他部分我可不会相信——那些野人竟然不来追他，也没有发现他的躲藏地。我依旧站在那里，没有动弹。后来，我发现追他的只有三个人，尤其是发现那个野人跑得比追他的人快之后，胆子就大了些。只要野人再跑上半小时，就能彻底摆脱他们了。这不由得使我勇气倍增。

现在几个野人和我之间隔着一条小河，也就是我刚来的时候用木筏把东西从大船上搬下来时停靠的小河。那个逃跑的野人需要过小河，不然就会被捉住。只见那个逃跑的野人跑到河边后，一点也没有犹豫直接跳了进去，只划了几十下就过河了。爬上岸后他又继续飞速奔跑。而追他的野人中有一人大概不会游泳，只有两个人跳下河，不会游泳的人看了一会儿就转身回去了。不过这倒是让他躲过一劫。

后面追野人的两人游泳速度很慢，花了很久才过河。这时

旅途中的大逆转

我脑子里那个强烈的愿望突然又冒出来了：我要找个仆人，现在就是个难得的机会。说不定他还是个好伙伴、好帮手，我立刻拿起枪——出门时我带了两支枪，从山顶下来，跑向大海。我从小路插到逃跑的野人和两个追的人中间。我用枪杆子把第一个追的人打晕在地，我不想开枪，怕被其他野人听见，不过现在距离那些野人已经非常远，他们肯定听不到了。第一个追的人被打倒之后，第二个就吓坏了。我急忙迎上去，只见他拿起弓箭准备射击，我只好开枪打死了他。逃跑的野人这时也停下来，显然被我刚才的枪声吓坏了，也许他以为自己也要死了。他站在那里，想逃跑，但是似乎又不敢。

动作描写：体现了鲁滨逊的迅捷，也展现了他敏锐的判断力。

我打手势，招呼他过来，他明白了我的意思，向前走几步，停下来犹豫了一下，又走几步。这时，我看到他浑身发抖。他以为自己成了我的俘虏，也将会被杀死、吃掉。我又向他招招手，并做出种种手势叫他不要害怕。他这才继续向前走，每走一二十步便跪下来，似乎感谢我救了他的命。我保持微笑，显出和蔼可亲的样子。最后，他来到我跟前，跪下吻地面，又把头贴在地上，把我的一只脚放到他的头上，好像在宣誓愿做我的奴隶。我把他扶起来，尽量和蔼地向他做手势，叫他不要害怕。突然我发现用枪杆打晕的那个野人并没有死，现在醒过来了。我向逃跑的野人指了指地上的那个野人，示意那人还没有死。他看了之后，就叽里咕噜地说了几句话。我不明白他的意思，可我觉得声音特别好听，这是二十五年来我第一次听到别人和我说话，以前都是我自言自语。

动作描写：野人尽力示好，让鲁滨逊受宠若惊。

那个被打倒的野人已清醒了,从地上坐了起来,我正打算用枪打死他。这时,这个逃跑的野人向我做了个手势,示意我把腰间的那把刀借给他。于是我把刀递给了他。他一拿到刀,就奔向他的敌人,一下子砍下了那个人的头,动作干脆利索。这让我很惊讶,因为我觉得这些野人,除了木刀,一生中从未见过一把真正的刀。但现在看来,他们的木刀也足够锋利,杀人照样一刀人头落地。后来我才知道,他们的刀是用很硬的木头做成的,很锋利。再说这个逃跑的野人砍下了敌人的头,带着胜利的微笑回到我跟前。他先把刀还给了我,然后做了许多莫名其妙的手势,又把他砍下来的野人头放在我脚下。

> 动作描写:野人向鲁滨逊邀功、讨好,似乎认定了这个主人。

这个逃跑的野人很惊讶我怎么能把另一个野人打死,当时我离那个野人还有一段距离。他指了指那个野人的尸体,让我允许他去看看那个野人是否还活着。我用手势向他表明他可以过去看看,他走过去,两眼直勾勾地看着那个死人,把尸体翻来翻去,似乎想弄个明白。他看到了胸部的枪眼,但是血流到外面的不多,因为人死后血液都淤积在体内了。

我用手势告诉他后面也许还会有人追来,他明白了,并用手势告诉我把这俩野人埋起来,我同意了,我估计大概只用了十几分钟,他就把两人的尸体都埋好了。然后我示意他跟我一起走,不过我没有带他去城堡,而是去了洞穴那边。我这样做是故意不让梦应验。

> 细节描写:鲁滨逊是个有头脑的人,他对野人有所防备。

到了洞穴那边,我给他吃了些面包和葡萄干。他吃饱喝足之后,我又指了指干草和毯子,他就立刻倒下去睡大觉了。

这个野人大概有二十六岁,长得很好看,个子很高,五官

旅途中的大逆转

> 外貌描写：野人样貌清秀，鲁滨逊很是欣喜。

端正，眉清目秀，身材结实匀称，但并不粗壮，看起来很健康。他头发乌黑且有些长，但不卷。额头很大，目光锐利而有活力，皮肤偏棕色，带着点青色，油光乌亮。脸又圆又胖，鼻子很小但不扁，嘴唇很薄，牙齿又白又亮，像象牙。他没有睡得很死，只是打了一会儿盹。他醒来之后立刻到处找我，我当时在外面挤羊奶，他跑到我面前，趴在地上，做出各种奇怪的姿势，表示他愿意服侍我，效忠我。我明白他的意思，告诉他我很喜欢他，并给他起名为"星期五"，教他说"是""不是"，并且告诉他意思。我用罐子盛了些羊奶给他。我先喝了一口，并把面包在羊奶里浸了一下然后吃掉，星期五学着我的样子做了，并示意我很好吃。

晚上，我和他在洞穴里睡了一晚，第二天，我让他跟我一起外出。我示意给他一些衣服穿，他听了非常高兴，因为他现在还是赤身裸体的。我们走过昨天埋野人的地方，星期五示意我昨天他在埋尸体的地方所留的记号，并表示想把野人挖出来吃掉。我很生气，告诉他这样子很恶心，并让他立刻跟着我走。他十分听从我的指令，跟着我走了。我带

> 叙述：野人未经过文明教育，对生命没有尊重意识。

他到了山顶，看看野人走了没有，通过望远镜，我发现野人和独木舟都不见了，他们竟然把那两个同伴扔在岛上，连找都没有找。

对这一发现我并不满足，现在我有一个助手，勇气大增，好奇心也跟着大了起来，因此我带着星期五再去海岸看看。我给他一把刀，让他带着，他把自己的弓箭背好，我现在已经知道他是个非常优秀的弓箭手。我还让他替我背了一支枪，自己也背了两支。带上这些武器装备，我们出发了。到了海滩，我

们看到了令人悲痛的景象，气得我浑身发抖。我实在不忍看这么悲惨的场景，但是星期五一点都不在乎。星期五告诉我，连同他一共有四个奴隶被带过来，前三个都被吃掉了。他告诉我，那些吃他的野人与他们部落发生了战争，他们互相都捉了对方很多人吃。

我让星期五把地上所有的骨头、人肉都收集起来，堆好，点火烧掉了。我察觉星期五竟然对这些人肉垂涎欲滴，但我努力示意他这件事很恶心，没有人性，令人憎恶。

> 细节描写：鲁滨逊不能接受吃人的行为，体现了他对生命的虔诚与尊重。

烧掉这些之后，我们回到了城堡。一到家我就给他张罗了些穿的，先给他穿上一条麻纱短裤，这是我从触礁船上弄来的，用羊皮给他弄了件背心，我施展了最好的缝纫技能把背心缝得很好看，又用兔皮给他做了顶很时髦的帽子。

星期五穿上衣服之后，发现他已经穿得跟我一样了，高兴得手舞足蹈。不过刚开始的时候他还是觉得衣服有些束缚，背心磨着他的胳肢窝和肩膀，后来我稍微改得宽松些，再加上他也习惯了，他就喜欢上他的衣服了。

> 动作描写：表现了星期五的欣喜，侧面表现出鲁滨逊对他的喜欢。

到家第二天，我就考虑怎么安置星期五的住宿。我想让他住得好一些，但还得保证自己的安全。因此，我在两道围墙之间搭建了个小帐篷，这样我跟他之间就隔着一道墙。内墙上本来有个直通山洞的入口，我在入口的地方做了一扇门，每次睡觉前把门从里面关好，而且把短梯也收到里面来，这样星期五如果想到我身边来，必然会费

> 细节描写：防范意识让鲁滨逊对星期五保持警觉，这是生存的必备品质。

旅途中的大逆转

一番周折，这样我就会被惊醒。我把武器也放在手边，以防万一。

事实上，我根本不用对星期五采取这么多的防范措施，星期五是一个非常老实忠厚、可爱的仆人。他没脾气，性格乐观，也没什么心眼，对我很忠诚。他像对待父亲一样对待我，无论什么时候，他都愿意牺牲自己来保护我。后来他的许多行为都证明了这一点，因此我确信，我不必防范他。

回到城堡两三天后，我觉得应该改变星期五那可怕的吃相，尤其是要戒掉他吃人的恶习。我想让他尝尝其他美味的肉类的味道，所以我带他到树林里去了。

我本想从自己的羊圈里逮一只小山羊，带回家煮了吃。可是半路上我发现一只母山羊躺在树下，旁边还有两只小山羊。它们并没有察觉到我们。我立刻拽住星期五，示意他不要动。接着我举起枪，一枪打死了其中的一只小山羊。星期五上次看到我用枪打死了追他的人，当时他站得很远，看不清到底怎么回事，也想象不出我是如何把人打死的。可这一次他看到我开枪，吃了一惊，他吓得浑身颤抖，差一点瘫倒在地上。

动作描写：无知的星期五被枪声吓坏了，做出了可笑的反应。

他并没有去看被我打死的那只小山羊，竟然扯开自己的背心，在身上摸来摸去，查看自己有没有伤。原来他以为我要用枪杀他。他突然跑到我跟前，咚的一声跪了下来，抱着我的双腿叽里咕噜了半天，我虽不懂，但知道他是在求我不要杀他。

我大笑起来，立刻扶他起来，并指着那只死去的小山羊，示意他把山羊带过来。他跑过去，仔细查看了小山羊是怎么死的，似乎想不明白。我趁这个空立刻又给枪装了子弹，不久，一只像苍鹰一样的大鸟飞过我们头顶，落到附近的树上。我喊

旅途中的大逆转
14. 我的仆人"星期五"

星期五到我跟前来,并指了指枪,又指了指大鸟——现在我发现这只大鸟竟然是只鹦鹉,我开了枪,鹦鹉立刻从树上掉了下来。尽管我已经让星期五看得很清楚了,可是他还是呆住了。可能他没有看到我装子弹,因此以为我枪里有什么神奇的东西能够把人或者动物打死。他愣了好一阵子,我相信,若是不让他弄明白,他一定会把枪当作神崇拜。后来好几天,他坚决不敢碰枪,还经常跟枪唠叨半天,仿佛枪会说话似的。后来他跟我说,他那几天是在求枪不要杀他。

> 叙述:
> 星期五无法理解枪使用的原理,对它充满了敬畏。

等他从惊讶中缓过神来,我指了指那只掉下来的鹦鹉,示意他把鸟拿过来。他跑过去半天才回来,原来我没打中鹦鹉的致命部位,鹦鹉从树上掉下来之后又挣扎了几下,扑腾到旁边去了,星期五还是把它抓了回来。我发觉他对枪十分好奇,就趁他去抓鹦鹉的时候又装了子弹,以备再碰到其他需要开枪的目标。

我们把山羊带回去,剥了羊皮,把肉切成块,用我自制的陶罐煮了一罐子羊肉汤,我先吃了一点,然后再递给星期五,他吃了之后非常开心,并表示很喜欢。他很奇怪我在肉汤里放盐,他把盐放在嘴里,然后呕吐,又使劲漱口,示意我盐不好吃。然后我拿了一块没有盐的肉放到嘴里,也假装呕吐,示意他没有盐是不好吃的。但这并没有起什么作用,他还是不喜欢盐,很久之后,他才习惯吃盐,但是吃得很少。

吃过煮羊肉后的第二天,我请他吃了烤羊肉。我按照英国人烤羊的做法,在火堆的两边插上木杆,中间又横一根杆,把羊肉吊在横杆上,不断转动横杆让羊肉烤得均匀。

星期五对这种做法很好奇,不过吃了一口烤羊肉之后,他用好几种方法示意我烤羊肉非常好吃,并且示意我他以后不吃

旅途中的大逆转

叙述：在鲁滨逊细致耐心的教导下，星期五逐渐像文明人一样生活。

人肉了。看到他这样表示，我感到很开心。

吃完烤羊肉之后，我教他打稻谷和筛谷糠，我做了一遍之后，让他照着我的方法做。他很聪明，一下就能做得跟我一样好，尤其是他知道这个工作的目的之后，干得更起劲了。打好稻谷之后，我让他跟着我做面包、烤面包，他就懂得了打稻谷的目的是弄面包。很快，他做面包的技能也赶上我了。

现在又添了一个人吃饭，而且饭量并不小，我得多种一点地，多存一倍的粮食了。于是我又找了一块地，在周围修筑篱笆。星期五对这个工作很感兴趣，干得非常起劲。我告诉他这项工作的目的，让他知道只有多种地、多产粮，才能有足够的面包吃。他很容易就能理解我的意思，而且他认为我已经为他做了很多事，因此只要是我吩咐他做的事情，他都很卖力地干。

叙述：表现了星期五的聪明能干。

这一年是我来孤岛之后生活得最开心的一年。星期五已经能跟我用英语进行简单的对话了，如果我让他帮我拿个东西或者让他去某个地方，他都能明白我的意思，而且他很喜欢跟我聊天。以前我没有人聊天，现在有人聊天，真的很快乐。我对星期五的人品相当满意，时间越久，越能感受到他的忠诚。我很喜欢他，也很确定他非常爱戴我。

叙述：鲁滨逊很希望星期五能一直留在自己身边。

有一次，我想试探一下他是否还想回到自己的家乡。这时候他的英语已经很好了，我提的任何问题他基本都能回答。我问他他们的部落是不是在战争中没有失败过。听完我的问题，他很骄傲地说："是的，是的，我的部落一直打得很棒。"

后来我们的对话如下：

"既然你们一直打得很棒，为什么你会当俘虏？"我问。

"我被俘虏了，我的部落打赢了。"他回答说。

"你们部落打赢了，为什么你们还被抓住了呢？你们是怎么打赢的？"我问。

"我打仗的地方，敌人多，他们抓住了我和另外三个伙伴。在其他地方，我的部落打得很棒，抓了他们一两千人。"他说。

语言描写：通过对话，交代星期五的身世。

"那你们部落的人为什么不救你们呢？"我问。

"敌人把我和三个伙伴抓到独木舟上并逃到了海上，我们部落当时没有船，无法追上敌人。"他说。

"你们抓了那么多的俘虏，怎么处置他们呢？是不是像你的敌人那样，把俘虏弄到一个地方，杀了吃掉呢？"我问。

"是的，吃掉。"他很快地回答我。

"你们部落把人带去哪里吃呢？"我问。

"想去哪里便去哪里。"他说。

"你们部落的人会来这个岛吗？"我很关心这个问题。

"当然，来这里，也会去别的地方。"他说。

"你来过吗？"我问。

"当然，那边常去。"星期五指了指西北方向。

通过这次聊天，我才知道原来星期五以前也和吃人的野人一起，在岛的西北角上岸，在那里杀人、吃人。后来我带他去岛的西北角，他立刻认出了这个地方，并告诉我，这里他来过，并在这里吃了二十个男人、两个女人，还有一个孩子。他现在还不能数到二十，只能在地上摆了二十块石头表示。我之所以详细叙述这次聊天，是因为它与后面的事情有关。

旅途中的大逆转

在跟他聊到这个小岛之后，我问他："你们部落所居住的陆地离这里多远，你们乘独木舟来小岛的时候会不会经常发生事故？"星期五竟然说一点危险都没有，从未出现过事故，但在小岛附近有急流和风，上午和下午急流的方向是不一样的。

> 叙述：星期五虽然缺乏文明教育，但在野外生存的经验丰富。

起初我以为急流方向发生变化跟潮水有关系，因为我上次在山岗上观察的时候发现，急流有时候向外流，有时候向岸边流。后来才知道这是由于孤岛处于奥里诺科河的入海口，在此处形成回流。我在岛的西面和西北面看到的陆地是特立尼达岛，位于河口的北面。我从星期五那里知道了这一带的地形、居民状况等。我问他他们这个部落叫什么名字，可问了几遍得到的回答只有几个字"加勒比人"。他所说的加勒比群岛是指美洲地区，主要指从奥里诺科河河口经过圭亚那一直到圣马大的群岛。他指着我的胡子说，在很远的地方，月亮落下去那个方向，有很多像我一样有大胡子的白种人杀了很多当地人。我揣测他所说的大胡子人应该是西班牙人，西班牙人在美洲屠戮无辜的百姓，臭名远扬。

> 背景拓展：16世纪，西班牙对美洲进行了殖民掠夺。

我问他乘船能否到达大胡子白人那边，他说："可以，必须坐两只独木船去。"我不明白他说的两只独木船指的是什么，他换各种表达方式，又是比画又是解释。最终我弄明白，原来需要一条有两只独木船那么大的船。

听了星期五的话我非常兴奋，这些话在我心中燃起了一个希望，希望有一天我能逃离这个荒岛，当然这一切得靠星期五的帮助。

星期五已经跟我生活了很长时间，他现在和我聊天已经非常顺畅了。在此期间，我开始向他传播一些宗教观点，有一次，我问他："你是谁创造的？"可是他怎么也不明白我说的问题，以为我问他父母的状况。于是，我又换了个问法："高山、大地、树林、大海，这些都是谁创造的？"他说是贝纳木基老人创造的。我又问他："既然贝纳木基老人创造了万物，万物是不是应该敬畏他？"他严肃而认真地说："万物都应该顺从他。"我又问他："在你们部落里，死后的人去了哪里？"他说："去了贝纳木基老人那里。""那被吃掉的人呢？"我接着问。他说："也去了那里。"

从这些简单的入手，我慢慢引导他，让他认识到上帝才是真正的神，万物都是上帝创造的，上帝是万能的，统治着一切事物，既能赐予我们一切，也能剥夺我们一切。他很喜欢跟我学祈祷，我告诉他上帝能听到我们的祈祷。他说既然上帝在天上都能听到我们的话，那么他一定比贝纳木基老人更厉害，因为贝纳木基老人就住在附近，在部落那边的山里。我问他是否到山里跟贝纳木基老人说过话，他说一般人不能去，只有部落的祭司才有资格去，而且祭司每次去之后都能把贝纳木基老人的话带回来。

由此我判断，即便是盲目的邪教中也存在着祭司制度，而且把宗教神秘化，从而让神职人员获得崇高的地位。这种做法不仅存在于罗马天主教中，也存在于其他一切宗教中，甚至存在于这群野蛮人的宗教中。

> 叙述：统治者用控制思想的办法控制人类。

我试图跟星期五解释他们的宗教是一场骗局，那些祭司到山里去带回来的话都是假的。如果在那山里真的听到什么，那一定是魔鬼说的话。然后我又跟他解释魔鬼，魔鬼是怎么来的，如何背叛了上帝，怎样统治世界黑暗的地方，怎样诱惑人

崇拜他,怎样把人们骗上绝路,怎样迎合我们,从而把我们拉到他的陷阱里。

让星期五正确地认识上帝倒还容易,但是他在正确认识魔鬼这件事上,确实存在一些困难。关于魔鬼,他的本性、他的来源及存在,尤其是他引诱人来作恶的意图等,我找不出实实在在的例子来证明。有一次,星期五问了我一个问题,把我难住了,我一时都不知道如何回答他。之前我一直跟他解释上帝的万能,上帝的疾恶如仇,以及上帝如何用火烧死那些罪恶的人。我还跟他说上帝能创造万物,也可以轻易地毁掉全世界及全人类。当我说这些的时候,星期五听得非常认真。

我告诉他,魔鬼是上帝的敌人,他心怀诡计,总是试图破坏上帝的计划等。于是,星期五问我:"既然你说上帝是万能的,那是不是比魔鬼更厉害?"我回答说:"是的,当然了!上帝比魔鬼更强大,更有力量。因此,我们应该向上帝祈祷,让我们拥有力量抵制魔鬼的诱惑。""可是,既然上帝比魔鬼厉害,他为什么不直接把魔鬼杀死,这样魔鬼就不会继续做坏事了。"星期五的这个问题让我有些意外,虽然我年龄比他大,但是作为一个宗教引导师,资历很浅,我还不会争论,还不善于解释道德方面的问题。所以对于这个问题我不知道如何回答,只好装着没听懂他的问题,又问了他一遍刚才问的问题。星期五却很认真,又结结巴巴地说了一遍。这时,我已经稍微恢复了镇静,回答说:"最终,上帝一定会惩罚魔鬼,魔鬼必然会受到审判,被投入地狱,永世不得翻身。"星期五对我这个回答非常不满意,他继续问:"我不明白,上帝为什么不现在就杀死魔鬼,为什么不早早地把他杀掉?"我这样回答他:"你问的这个问题,其实相当于上帝为什么不杀死我们，因为我们也犯了罪，但是上帝是仁慈的，给我们机会悔过，让我们获得赦免。"说到这里，我觉得有些解释不下去了。他的话让我意识到，让一个普通人认识上帝是非常容易的，对上帝产生崇拜和敬畏之情也是非常自然的。但是如果要一个人认识到上帝曾经替我们赎罪，认识到上帝是我们的仲裁者，这些一定要有神的启示才能实现。

> 语言描写：星期五不了解文化，但又十分好奇，表现出他好学的一面。

后来，我只能故意岔开话题，装着有急事的样子，出去了。并且，我还找了个借口，吩咐他去一个很远的地方去办事。等他走后，我诚恳地向上帝祈祷，请求他告诉我如何教导这个可怜的野人，请求他帮助这个可怜人认识真理。当星期五从外面回来时，我又与他谈了一会儿，谈及耶稣替世人赎罪，谈及向上帝忏悔等事情。然后，我又向他解释为什么上帝不以天使的身份在人间，而是降为亚伯拉罕的后代，为什么贬谪的天使不可以替人赎罪，耶稣降生时为了挽救在迷途中的以色列人等道理。

事实上，我告诉他这些的时候，我觉得我更多的是凭借诚意，而不是用知识。同时，我不得不承认在教导他的时候自己也获得了许多认知，有很多问题过去我不曾深入思考，现在因为要教导星期五，我自然会先进行思考。我想，若是有诚意帮助别人，边教边学是个不错的办法。我觉得自己在探讨这些问题上的热情比之前大很多，所以，不管我在教导星期五方面有没有成果，我都很感谢他的出现。因为我现在已不再像之前那样苦闷，生活也丰富起来。现在我倒是觉得流落到这个孤岛上是一件幸运的事，而在遇到星

> 心理描写：星期五给鲁滨逊的生活带来了不一样的色彩。

旅途中的大逆转

期五之前，我一直把这件事看作一个灾难。

在岛上的最后几年，我一直都怀着这种感恩的心态，在跟星期五一起相处的三年里，因为有他与我聊天，我的日子过得更充实、更幸福。现在这个野人已经成为一个比我还虔诚的基督教徒。

我常常为星期五诵读《圣经》，并尽可能地解释里面的含义。星期五听得很认真，总能提出很多问题。这迫使我更加深入地钻研《圣经》，这一点在前面我也提到过。此外，我还想谈一点关于这段隐居生活的体会。我觉得《圣经》把对上帝的认识和耶稣救人的道理写得很明白了，只要通过诵读《圣经》，就可以认识到自己的责任，并勇敢地承担起这份责任：忏悔自己的罪行，请求上帝拯救自己，在实践中提升自己，听从上帝的指示。所有这些认识都不需要别人的教导或者帮助，只需要自己认真诵读《圣经》就可以了。而且《圣经》中浅显的道理，还能启发这个野人，让他成为一名虔诚的基督教徒。

叙述：鲁滨逊的精神食粮有着至关重要的作用。

现在还是让我按照时间顺序，把那些重要的事情讲给大家听听。我现在已经和星期五是好朋友了，我所说的话，他基本都能很快理解。虽然他说英语并不太标准，但已经很流利了。这时我告诉了他我的人生经历，告诉他我如何流落到这个小岛，如何在这里生活那么多年，等等。我还把火药、子弹和枪的秘密告诉了他，对他来说这确实是个大秘密，并且我还教他学会了使用枪。我送他一把刀，他非常高兴。我还为他做了一根皮带，在皮带上挂了一个搭环，这种搭环在英国是用来配腰刀的，但腰刀对他来说用处没有斧头大，

细节描写：鲁滨逊教了星期五许多本领，亦师亦友。

146

所以我给他配了一把斧头。

我经常跟他介绍欧洲的情况，尤其是我的故乡英国的情况。我告诉他我们是如何生活的，怎样崇拜上帝，人与人之间如何相处，如何到世界各地做生意。我又把我最后一次远航的事情告诉了他，并带他去看了我们沉船的地方。不过那条船早就没了踪影，连点碎片都找不到了。

我又带他去看那艘小艇，就是那条逃生时乘坐的小艇。我之前一直试图把它弄到海里去，但是费了很多功夫都没成功。现在小艇经过风吹日晒，已经破烂不堪了，星期五站在那里发了好一阵子呆，什么话也没说。我问："你在想什么呢？"他说："我见过这条船，这条船到过我们所住的地方。"我没太弄明白他的意思，仔细问了好几次才知道，曾经有跟这条船一样的船，在他们居住的陆地靠岸。那条船是被大风吹去的。我想一定是附近有欧洲的商船经过，风把商船上的小艇冲到了那边。当时我可真是愚蠢，竟然没有想到是有商船在附近失事，船员乘坐小艇逃生到那边，当然我更没有想到那些船员可能是欧洲人或者巴西人之类的。因此，我只关心船的样子，让星期五把船的样子详细地叙述了一番。

> 叙述：机缘巧合，鲁滨逊燃起了找到同胞的希望。

星期五详细地描述了小船的样子，后来，他又很兴奋地补充道："我们还从水里救上来很多人。"我立马追问："船上是什么人？有没有白人？"他说："当然，都是白人，满满一船。"我问他大概有多少人，他数着指头告诉我有十七个白人。我问他那些白人现在去了哪里。他回答说："住在我们部落里，全都还活着。"他的话让我想起上次那艘触礁船，也许那些白人就是从那艘船上逃生出去的，在大船触礁后，他们就跳到小船上，船又被风吹到了野蛮人的海岸上。

旅途中的大逆转

我又仔细地询问了星期五那些白人的状况。星期五一再强调，他们还活着，仍然住在那里，已经住了四年。野人们供给他们粮食吃，从不侵扰他们。我问："你们为什么不把白人杀了吃了呢？"星期五说："不，他们是我们的兄弟。"对于星期五的这句话，我的理解是他们跟白人签订了休战协议。接着星期五又补充说："我们平时是不会吃人的，只有战争的时候吃敌人。"

> 语言描写：通过对话，鲁滨逊意识到野人并非完全野蛮，他们有自己的生活习惯。

过了一段时间，一个晴朗的日子里，我和星期五去了岛东边的山顶上打猎。之前，也是在那个山顶，我曾在晴朗的天气里看到过美洲大陆。到了山顶之后，星期五两眼直勾勾地朝着大陆的方向盯了一会儿，突然很开心地跳了起来，当时我离他有几步远，他喊我过去。我问他有什么事吗？他兴奋地说："啊，真快活，真开心，我看到我家了，看到我们部落了！"我看到他脸上流露出幸福、快活的神情，两眼发光，充满了向往的神色，似乎想马上飞回他的部落一样。看到他这样兴奋，我有点不安，开始胡思乱想，不由得开始防备星期五了，我们的关系就不像之前那样融洽了。我想，假如星期五有办法回到自己的部落，不仅会忘记他信仰的上帝，说不定还会出卖我。他一定会把我的事情告诉所有人，说不定还会带着他部落的野人来岛上把我抓起来。

> 神态描写：写出了星期五见到故乡时的激动。

我因为这些自私的想法错怪了这个可怜的忠实的伙伴，为此，我心存内疚。可是在当时我的疑虑有增无减，好长时间都没有消除。我还对他采取了一些防范措施，对他的态度明显不如以前那样热情、友好了。我这种做法简直大错特错。事实

上,一直以来他都很忠诚,对我怀着感恩的心,根本不会做我所担忧的事情。事实也证明,他对上帝是虔诚的,对朋友是感恩的,这种品质令我感动。

> 叙述描写:说明星期五是个十分忠诚的人,对鲁滨逊很忠心。

在我对他有疑虑的那段时间,我总是想办法去试探他,试图通过蛛丝马迹来证明我对他的猜疑。最终我发现他是那么忠实、虔诚,根本找不出任何令我怀疑的东西。虽然我心里还是有些担心,但是他最终还是赢得了我的信任。在此期间,他并没有看出我的疑虑和对他的试探,一切都表现得那么真诚、自然。

又有一次,我们去了东边的小山山顶。这次遇到了海上的大雾,压根看不见大陆。我问星期五:"星期五,你想不想回到你的部落去,回到你自己家?"他说:"当然了,我非常想回去。"我问:"那你回去如何打算呢?继续过着野蛮人的生活,继续吃人肉吗?"他立刻变得严肃起来,重重地摇了摇头,郑重地说:"不,星期五要告诉部落所有人以后要做文明人,要向上帝祈祷,要种粮食,吃面包,吃羊肉,喝羊奶,不要吃人。""那他们会杀了你的。"我说。听了我的话,他露出很严肃的表情:"不,他们爱学习,绝不会杀我的。"我知道他是想说他们部落的人愿意学习,愿意接受这些新知识。然后他又跟我说,他们认识那些从船上下来的有胡子的白人,并且从白人那里学到了很多知识。我又问他是否想回去。他说他不能游那么远。我告诉他我可以送他一只独木舟,他说,假如我愿意跟着他一起,他就愿意回去。我说:"我?我为什么要去你们部落?去了之后你们会把我吃掉的。""不,不会的,他们不会。我让他们不吃你,我让

> 神态、语言描写:星期五在鲁滨逊的教化下,逐渐变成一个文明人。

旅途中的大逆转

语言描写：星期五与鲁滨逊之间已经建立了深厚的感情。

他们都跟我一样爱你，全都非常爱你。"接着他又不断地描述他们部落的人对待那十七个白人如何友善。那些白人在他们那边登岸之后就住在那里，他叫那些白人"有胡子的人"。

不得不承认，我其实很想去那边的大陆看看那些有胡子的人，我觉得他们应该是西班牙人或者葡萄牙人。而且，一旦和他们会合，我们就能想办法回到欧洲。这总比我孤零零的一个人从这个小岛回到欧洲要简单。所以过了几天，在跟星期五聊天的时候，我告诉他我可以给他一只独木舟，这样他就可以回去了。我带他到了存放独木舟的地方之前，我一直把独木舟沉在水底，到了之后，我把船里的水都弄出去，让船浮上来，我跟他一起坐了上去。

叙述：鲁滨逊想要离开这座小岛，星期五给的信息让他有了希望。

星期五竟然是个驾船的好手，划船速度比我快一倍。

在船上，我问他："星期五，用这条船可以到你的部落去吗？"听了我的话，他愣住了。看来，他大概嫌这艘船不够大，去不了那么远的地方。这时，我又告诉他我还有一条更大的。于是，第二天，我又带他去看我造的第一艘船。他说，这艘船足够大。可是因为我一直没有好好保护，在那儿风吹日晒二十多年，已经干裂朽烂了。星期五说，这样大的船就可以了，能带足够多的食物和淡水。

如果你是鲁滨逊，你会和星期五一起回部落吗？想一想他们是否能顺利回去。

15. 攻击野人

　　天气开始好转,旱季马上来了。我开始计划我们的冒险之旅。我先得准备足够的粮食,并打算这几天把船放到水里。一天早晨,我让星期五去抓只大鳖。星期五刚出去不久就飞一样地冲了回来,我正想问他发生了什么事,他就叫了起来:"不好了,不好了。"我好奇地问:"怎么了,星期五?"他说:"一只,两只,三只,三只独木舟,一只,两只,三只。"听他这么说,我还以为有六只独木舟呢,后来又问了一遍才知道就三只。我立刻安慰他,让他不要害怕,但是这个可怜的人真的被吓坏了,因为他以为那些船上的人是来抓他的,要把他杀死然后吃掉。他吓得浑身颤抖,我快没有办法安慰他了。我说我跟他处于同样的危险境地,他们也会杀了我吃掉。"不过,"我说,"如果我们跟他们打起来,你敢打他们吗?"他说:"我会开枪,但是他们人实在太多了,我们只有两人。"我说:"没关系的,即便我们开枪打不死他们,也会吓跑他们。"我又问他,如果我决心保护他,那他是否也愿意保护我并听从我的安排。他立刻回答说:"你叫我死都行。"我递给他一杯甘蔗酒,他喝了下去。甘蔗酒我平时都不舍得喝,所以现在还有不少。他喝完之后,我安排他去把那两支长枪拿来,并装上沙弹。接着我又拿

> 动作、语言描写:说明情况紧急,危险来临。

> 语言描写:描绘出鲁滨逊临危不乱、自信、勇敢的样子。

旅途中的大逆转

了四支短枪,每支都装上五颗小子弹和两颗弹丸。此外,我在腰上挂了把大刀,给星期五一把斧头。

> 细节描写:星期五的帮助给了鲁滨逊很大的勇气。

准备好装备后,我带着望远镜到高处观察。三只独木舟已经靠岸了,下来二十来个人,并且还有三个俘虏。看来,他们是要在这里开吃人宴会了。虽然在我看来这简直没有人性,不过对野人而言,他们已经习惯了。

不过,他们这次上岸的地方不是星期五逃走的那片海岸,而是比较靠近那条小河的地方。这边河岸相对低一些,而且树林茂密,一直延伸到海边。看到这些野人,我就联想到他们即将要做的残忍的事情,这让我感到恶心。我跑到山下,告诉星期五,我想把这些野人统统杀死,问他愿不愿意跟我一起干。这时星期五已经不害怕了,喝完甘蔗酒后,精神也振奋了不少。听了我的话,他立刻表示愿意听从我的安排。

我当时义愤填膺,立刻把武器分成两份。我给了他一支短枪,让他插在腰间,又让他背上了三支长枪。我自己也拿了一支短枪、三支长枪,还带了一小瓶甘蔗酒、一大袋火药和子弹。

我们带上装备出发了,我叮嘱星期五一定要听从我的指挥,不能乱动,更不能随便开枪,一切听我的命令行动。我带着他抄小路走,大概走了一英里后越过了小河,我们要躲到树林里,并且要埋伏在他们附近。

在这个过程中,以前的一些想法又出现在我的脑海里,我有些犹豫了。当然我并不是害怕他们人多,因为他们都是赤裸的,没有任何武器,而我们是有优势的,即便让我一个人对付他们也毫无问题。但我现在纠结的是我究竟有没有权利、理由

去杀他们呢？他们既没有伤害过我，也没有打算伤害我。于我而言，他们是无辜的路过小岛的人。至于他们那没人性的习俗，这也不能完全是他们的责任，而是他们的悲哀，上帝让他们停留在了野蛮、愚昧的生活状态。当然，星期五去袭击他们倒是有合理理由的，他跟这些人是敌人，而且一直处于交战状态。对我来说，情况就不是这个样子了。我被这些想法纠缠着，最后决定先去观察一下再说。

> 心理描写：鲁滨逊的内心开始动摇，体现了他的善良。

做了这样的决定之后，我便进入森林，星期五静悄悄地跟着我，我们绕到树林的边缘，那边离野人很近，中间只隔了一些树木。我示意星期五，让他躲到前面的一棵大树下，近距离观察一下，如果看清楚就回来告诉我。他小心地溜到前面，一会儿他就跑回来告诉我，在那棵大树后能观察得很清楚，他们正围着火堆吃肉，还有一个被捆着的俘虏躺在他们附近。星期五说，他们可能马上杀掉那个被捆着的俘虏。听了他的话，我非常生气。他又补充道，那个捆着的俘虏是有胡子的人，就是那些乘船到他们部落的白人。

我一听是有胡子的人，吃了一惊，于是溜到那棵大树边，用望远镜看了一下，果然地上躺着一个浑身被捆着的白人。从他的穿着来看，我判断他是个欧洲人。这时，我发现树前面一点还有一大丛灌木，只要绕个小弯，就可以躲到灌木丛后，那里距离野人更近，如果使用枪，就更容易击中目标。我已经怒火中烧，但还是强忍着，退回来二十来步躲到一些矮树那儿，靠着矮树的掩护，我爬到附近的一棵大树后面。那里地势稍微高点，离野人大概有八十码，能把野人的行动看得非常清楚。

> 行为描写：尽管鲁滨逊特别生气，但他仍保持理智、冷静。

旅途中的大逆转

现在已经是紧要关头了，因为那群野人中有两个人站起来靠近了那个可怜的基督徒。看来，他们要杀他了，一个野人正弯腰解开白人脚上的绳子。我扭头对星期五说："听我的指挥。"星期五点点头。我说："你看我干什么就立刻做什么，不要迟疑，千万不要耽误事。"我把一支短枪和一支长枪放地上，用剩下的短枪瞄准了野人，星期五也用一支短枪瞄准了野人，我问他是否准备好了，他又点点头。我说："开枪。"说这话的时候我和他同时开了枪。

星期五的枪法更好，他打死两个，打伤三个，我只打死一个，打伤两个。这一阵枪声把野人吓坏了，那些没有受伤的野人吓得胡乱蹦跳，嗷嗷乱叫，因为他们完全不清楚这场灾祸是怎么来的。星期五一直看着我，因为我之前命令他跟着我行动。短枪子弹打完之后，我立刻把枪放到地上，拿起长枪，星期五也跟我做了一样的动作，他看见我闭上眼瞄准，也照着

> 细节描写：鲁滨逊这样既制服了敌人，又不杀死对方，体现了他的智慧与仁慈。

做。我问他："准备好了吗？"他点点头。我说："以上帝的名义，开枪。"我朝着慌乱的人群开了枪，星期五也开了。因为长枪里装的是沙弹，所以只打倒了两个，不过很多人受伤了。不一会儿，又倒下去三个，但是并没有死。

我把长枪放下，又拿起装好弹药的短枪，示意星期五跟着我走，他很勇敢地跟着我。我们冲出了树林，向野人冲去，并大声吼了起来，星期五也跟着我吼。我一边吼一边跑，不过我跑得很慢，因为我身上还背着枪，我直接向那个俘虏跑去。之前有两个野人本来想要杀这个俘虏的，前面枪声一响，他们吓得早就跑了，丢下俘虏，向海边跑去，跳到了独木舟上。这时，有三个野人也朝着独木舟跑去，我立刻命令星期五向他们

旅途中的大逆转
15. 攻击野人

开枪，星期五快速地向前追了他们一段，距离比较近的时候才开枪。刚开始我以为星期五把这三个人都打死了，因为枪响了以后，他们都倒下了，不过很快，我看见其中两个又爬起来继续跑。尽管如此，星期五还是打死一个，重伤两个，其中一个后来倒在船上，一动不动。

> 动作描写：野人被突如其来的枪声惊吓，四散逃命。

当星期五朝那三个人开枪的时候，我用腰刀把那个可怜的俘虏身上的绳子割断了，然后把他拉起来，用西班牙语问他是什么人。他用拉丁语回答了我："基督徒。"他已经累得不行，几乎站不稳，话也说得不太清楚。我掏出带的那一小瓶甘蔗酒给他，他立刻喝了几口，我又给了他一块面包，他大口吃了起来。我问他是哪国人，他说自己是西班牙人。此时，他精神稍微好了些，用手势向我表示感谢。"先生，"我把我知道的所有西班牙单词全部搬了出来，"感谢的事情我们以后再说，现在最要紧的是打仗，如果你还能坚持得住，带上这支枪和这把刀报仇去吧！"拿到武器，他似乎获得了力量，凶猛地向敌人扑过去，一下子砍倒两个，并把他们大卸八块。实际上，我们的袭击非常成功，大大出乎野人们的意料，被枪声吓得东逃西窜的野人们在面对我们的攻击时，一时都没反应过来。星期五在船上打伤三个，另外有两个竟然吓晕了。

这时我手上还有一支枪，我把短枪和腰刀给了那个西班牙人，手里留这支枪防身。我把星期五叫过来让他赶快回到我们第一次开枪的那棵大树边，把我放在那的几支枪拿来。他很快就拿回来了。于是我把自己的枪给了他，又快速地给所有的枪装上了弹药，并告诉他子弹打完再过来拿。在我装子弹时，看见那个西班牙人和一个野人打得不可开交，两人扭在了一起，野人用一把木头刀跟西班牙人搏杀。这种木头刀正是野人们刚

旅途中的大逆转

才准备用来杀俘虏的,要不是我们及时开枪,西班牙人早就被杀死了。那西班牙人虽然虚弱,却非常勇敢。我看到他时,他已和那个野人打了好一会儿了,还砍了野人两刀。可是那个野人非常强壮,只见他向前猛扑,就把西班牙人扑倒在地上,并伸手去夺西班牙人手中的刀。那西班牙人虽被压在下面,但眼疾手快,立刻松开刀,拔出短枪,对准那个野人,一枪杀了他。

> 动作描写:表现野人非常凶猛,如野兽一般。

我装子弹的工夫,星期五拿着斧头追上了那些准备逃跑的野人,先砍死了三个已经受伤的,然后又追其他的,追上一个就杀掉一个。这时,西班牙人过来向我要枪,我把装好子弹的长枪给他,他拿着长枪打伤了两个正在逃跑的野人,后来那俩野人跑到树林里去了。星期五看到后,立刻追过去,砍死了一个;另一个却非常敏捷,虽然受了伤,还是非常迅速地跳到海里,快速地向留在独木舟上的两个野人游去。这三个人,连同一个受了伤躺在船上一动不动的野人,乘船逃走了,二十一个人中十七个人都死了。

> 动作描写:野人逃命时非常慌乱。

那四个乘独木舟逃走的野人拼命把船划到海里,很快就逃出了我们的射程。星期五不甘心地又开了几枪,但是都没有打中。他立刻建议乘另一只独木舟去追。因为如果放走他们,后患无穷。等他们回到部落,很可能带着本部落的人来报仇,到时候来几百只独木舟包围小岛,我们只能束手就擒,被他们杀了吃掉。所以我同意星期五的建议,立刻跟星期五跑到另一只独木舟那里,我刚跳上去就被吓了一跳,因为里面还躺着一个野人,不过这是个被捆着的俘虏,因为他没法抬起头来,所以并不知道岸上刚才发生了什么,只听到响亮的枪声。他已经吓得半死了，又加上手脚和脖子都被捆得紧紧的，已经奄奄一息了。我赶快给他松绑，想把他拉起来，但是他连喘气都费劲，根本站不起来，哼哼唧唧，十分可怜。

　　星期五又跳上了船，我让星期五跟他讲他被救了，同时我又把甘蔗酒递给他让他喝两口。那野人喝了两口酒又听到自己得救了，立刻来了精神，竟然呼的一下坐了起来。不料，星期五听到这个野人俘虏说话，立刻看了一下他的脸，然后又是亲他，又是抱他，又哭又笑，又打自己的头和脸，接着又唱又跳，欣喜若狂的样子像疯癫了一样。我就这样看他胡闹了一阵才有机会问他发生了什么，他说这个野人是他父亲。

> 动作描写：失散的父子重逢，表现出星期五的欢喜，生动形象。

　　看见星期五流露出对父亲的担忧，我觉得非常感动。在他们父子相遇之后，他那种喜悦、不能自已的样子简直难以用语言形容。他一会儿跳到岸上，一会儿又跳下来，手舞足蹈，上上下下跳了好多遍。他又靠父亲坐下，让父亲的头靠着他的胸膛，他牢牢抱着他的父亲。之后，他又捧住他父亲被绑得麻木的脚，轻轻地按摩。我倒给他一些甘蔗酒，叫他用酒来按摩，果然效果好多了。这样，我们就无法再去追逃跑的那只独木舟了。此时，他们已划得很远，连影子都看不见了。

　　实际上，我们幸好没有去追。因为一个小时后，海上就刮起了大风，那些逃跑的野人估计才走了不到四分之一的路程。大风刮了整整一夜，还是西北风，对他们来说是逆风，因此，他们即便不翻船也到不了对面的海岸。

　　回过头来我们再说说星期五的情况吧。他正围在他父亲身边团团转，我不忍心吩咐他去做什么事。等看他稍微不忙的时候才把他叫过来。他神采飞扬地走到我面前，满脸笑意。我问

旅途中的大逆转

他有没有拿面包给他父亲吃。他摇头说："没有，我带的面包被我吃光了。"于是我把自己带的一块面包给他，又给了他一点甘蔗酒，叫他自己喝。可是他统统都拿到他父亲那里去了。我口袋里还有两三串葡萄干，我给了他一串，让他送给他父亲吃。他把葡萄干给了他父亲之后，立刻又跳上岸，像着了魔似的跑了，而且跑得非常快，一下子就不见了。虽然我在后面对他大喊，他还是头也不回地一个劲地跑。不到一刻钟的工夫，他竟然又跑回来了，不过速度已经慢了。当他走近时，我才发现他手里拿着东西，所以没法跑那么快了。

神态描写：星期五见到父亲后，喜出望外，对鲁滨逊充满感激。

等他走近我才知道，原来他刚才跑回家去拿罐子了，并给他父亲盛了一罐子淡水来，还带来两块面包。他把面包给了我，把水送给他父亲。我这时也感到口渴了，顺便也喝了一口。他父亲喝了点水后，精神好多了，比我给他喝酒还有效，他确实渴坏了。

细节描写：展现出星期五对父亲的孝心，和对鲁滨逊的忠心。

等他父亲喝了水之后，我又把星期五叫过来，问他罐子里还有没有水。他说："剩下一些。"我就让他把水送给那个西班牙人喝，星期五刚才给我的两块面包，我拿出一块来，让星期五也带给那个西班牙人。此时那个西班牙人已累瘫了，躺在地上休息。他的手脚看起来又肿又硬，应该是刚才被捆绑得太紧的缘故。星期五把水和面包给他送过去，他就坐起来先喝了水，接着吃起面包来。我走过去，又给了他一串葡萄干。他抬头看看我，脸上露出感激的表情。他实在太虚弱了，虽然刚才他在与野人战斗

动作描写：西班牙人筋疲力尽，死里逃生后的他对鲁滨逊充满了感激。

时非常勇猛，但现在站都站不起来。他试了两三回，但是脚踝肿胀疼痛，根本无法站立，我让他坐下别动，让星期五替他按摩一下脚踝，就像刚才他为父亲按摩脚一样。

我发现，星期五真是个大孝子。在为西班牙人按摩的时候，他总是频频回头，看他父亲是否还坐在原来的地方。有一次回头的时候，他忽然发现他父亲不见了，来不及说话，他立刻跳起来，飞奔到他父亲那边，过去一看，原来他父亲因为实在没有力气，便躺下休息了，他这才放心。

这时我对西班牙人说，让星期五扶他到小船上去，然后坐船到我们的住所，这样我可以照料他。没想到星期五力大无比，背起西班牙人，一口气就到了船边，他把西班牙人轻轻放到船沿上。又把他往里挪了一下，让西班牙人在他父亲身旁休息。之后，星期五迅速跳出小船，把船推到水里，跳上船，划着它沿着岸行驶。虽然这时风刮大了，可他划得很快。他把船划到那条小河里，停靠好，让他父亲和西班牙人在船里先等着，自己又马上跑回去，去取海边的另一只独木舟。半路上我看到他，问他去哪儿。他说："去把剩下的那只船弄回来。"边说边像风一样地跑着，跑得比马都快。当我走到小河边的时候，他已经把另一只船划进河里了。他先帮我渡过小河，又去帮船上的两个人，可是他俩都已经站不起来了，这可愁坏了星期五。

我想到了一个解决这个问题的主意，我让星期五先把他俩弄到河边休息，然后跟我一起做了一副担架。我和星期五用担架抬着这两个人一起走回了住宅，可是到了围墙外，我们又遇到难题了，他俩没有力气翻墙，但是我又舍不得拆外墙。没有办法，后来我只能跟星期五在墙的外面搭了两个帐篷，帐篷就

> 动作描写：星期五力大无穷，十分能干，是个好帮手。

旅途中的大逆转

搭在墙的外面,就是我种的那片树林的里面。只用了两个小时帐篷就弄好了,而且看起来还不错。我们用旧帆布做顶棚,在帆布上面又铺了一层树枝,里面铺了些稻草,在稻草上又铺了两条毯子。

> 心理描写:岛上的人增至4个,鲁滨逊不再孤独无助,他内心欢喜无比。

现在小岛上的居民一下子成倍增加了,我觉得自己像这个小岛的国王。一想到这些,我心里就高兴。首先,我是小岛的第一个居民,这个小岛是我的,我对每一寸土地都有统治权。其次,我对我的百姓有统治权,因为他们的性命都是我救来的,他们对我心存感激。假如有必要,他们愿意为我牺牲性命。还有一点值得一提,我虽然只有三个百姓,但是信仰不同。星期五在我的引导下已经成为新教徒,他的父亲还是吃人的野人,那个西班牙人信奉天主教。不过,我当然允许宗教信仰自由。

星期五的父亲和西班牙人都十分虚弱,把他们安顿在帐篷里后,我就开始给他们弄些吃的。我让星期五抓了一只羊圈里的山羊,杀掉之后把山羊的后半截剁成小块,加上清水煮,又在汤里添了些大麦和米,做成了羊肉米糊汤。汤是在外面煮的,我们从不在内墙里面做饭。我们在新帐篷里安了一张桌子,把刚煮的汤摆到上面,四个人一起围着桌子吃起来,我尽量跟他们又说又笑,让他们感觉舒服些。星期五充当我们的翻译,他只需要把我的英语翻译成他们部落的语言就可以了,因为那个西班牙人对他们部落的语言已经很熟悉了。

> 细节描写:侧面说明西班牙人在部落被困已久。

吃晚饭的时候已经是傍晚了,我让星期五抓紧返回战场,把刚才的短枪和长枪搬回来,刚才时间太仓促了,这些都留在了那边的海岸上。第二天

我又让星期五掩埋了那几个野人的尸体，骨头之类的都埋了。不过对星期五来说，这件工作很容易，他很快干完了。等我后来过去的时候，几乎辨认不出那个地方了。

> 叙述：星期五听话能干，做事细致。

我和我的两个新居民进行了简短的谈话。顺便把那些野人吃剩的我先让星期五问他父亲，如果那四个野人逃回部落，会不会带着更多的野人来到岛上报复我们。他的第一个反应是，他们绝不会安全地回到部落的，那天晚上是逆风，很可能船已经翻到海里，人也淹死了。即便没有翻，也会被吹到南方的海岸，到了那边肯定会被其他野人吃掉。当然，如果他们真的非常幸运地回到部落，会不会来报复倒是很难说。不过，因为他们是被突然袭击的，而且被枪声和火光吓坏了，他们不懂枪，回去之后很可能会说那些死了的人是被雷电劈死了。后来事实证明，那个部落的野人再也没有来过岛上。也许，那四个人已经安全回到了自己的部落，部落的人听了他们的叙述后吓坏了，不敢上岛了。

当然，我是后来才知道这些事的，所以在杀了野人后的一段时间里，还是有些担心他们会回来报复，因此总是带着我的百姓严加守卫。现在我们的力量已经很强大了，即便来一百个野人，在空旷的地方，我们也能打败他们。

过了一段时间，并没有什么野人来岛上，我便渐渐放心了，重新计划之前的事情。之所以现在重新考虑这件事，还有一个非常重要的原因，那就是星期五的父亲向我保证，假如我到了他们部落，他们部落的人一定会非常友好地接待我。但是在跟西班牙人认真聊过之后，我又有些犹豫了。他说，那边现在还有十六个白人，都是西班牙人和葡萄

> 细节描写：充分说明星期五父亲在部落中的地位高。

旅途中的大逆转

> 叙述：另一座岛上虽有同胞，但生存条件远不及这座孤岛。

牙人。他们都是大船落难后乘小船逃过去的，虽然跟野人和睦相处，但是生活很艰苦，生活必需品极度缺乏。我问了他们的航程，才知道他乘坐的是一条西班牙船，船从拉普拉塔河出发，准备去哈瓦那卸货，船上装了很多货物和银子。他们船上的五个葡萄牙人是在海上从其他船上被救下来的，葡萄牙人的船遇难了，没想到救了他们几个没多久，自己的船也遇难了，还淹死了五个西班牙人，剩下的人乘坐小船，好不容易才靠了岸，却不料是野人的居住区。上岸的时候，他们总是担心会被野人吃掉。

他们虽有些武器，却没有子弹和火药，所以什么用也没有。本来有很多弹药，但是都被海水浸泡了，在身上找到点能用的，上岸时为了打猎充饥，都用光了。

我问他，现在那些人有什么打算没有，想不想逃离那边。他说，他们已经商量过无数次了，但是如果离开会面临很多难题：一是没船，二是即便自己造船，也没有工具，三是没有足够的粮食。所以，每次商量完之后他们都会更加伤心和绝望。我问他：如果我提出一个可行的逃生计划，他愿不愿意试试？如果让他们都到我这个岛上来，他们是否愿意？能否顺利过来？我很坦率地告诉他，我最担心的是，他们都过来，就等同于把我的生命交到他们的手里，也许他们会背信弃义，恩将仇报。因为有恩必报并不是人的天性，而且人们在行动的时候往往会忽略他所受的恩惠，而是考虑他所获得的利益。我又告诉他，假如我帮他们脱离现在的险境，最终他们却把我当作俘虏押到西班牙。那我的处境就危险了。因为英国人到了西班牙，必定会受到宗

> 经验：鲁滨逊看到了人性的本质，懂得不能信任他们。

教迫害，不管他是由于什么原因去的。我说，我宁愿把命交给那些野人，让他们把我吃掉，也不想落到西班牙僧侣的手里，被宗教法庭审判。我又补充说，假如他们懂得感恩，我相信，只要他们到岛上来，我们有这么多人手，就一定可以造一条大船，大家一起逃走，或向南去巴西，或向北去西印度群岛或西班牙，都是很好的选择。可是，如果他们恩将仇报，把我劫持到西班牙僧侣那里去，我岂不是害了自己。

听了我的这些话，西班牙人很诚恳地对我说，他们现在的生活非常糟糕，处境很艰难。所以，任何给予他们帮助的人，对他们来说都是大恩人，他们绝不会忘恩负义。接着他又补充道，如果我愿意的话，他可以跟星期五的父亲去见见他们，并跟他们再商量一下这件事，之后把答复告诉我。他强调他一定让所有人签订条约，绝对服从我的指挥，把我当船长和恩人一样对待，并且对着《圣经》和《福音书》发誓效忠于我。不管我让他们去哪个基督教国家，他们都必须无条件服从，直到到达我想去的国家为止。最后，他又说，他一定让所有人亲自在条约上签字，并带着签字的条约来见我。

> 细节描写：表露自己的诚意，鲁滨逊希望能去搭救自己的同胞。

接着他告诉我，他愿意现在就发誓效忠于我，一辈子在我身边服侍。万一他的同胞背叛我，他将跟我一起战斗，绝不怕流血和牺牲。他还告诉我，他们这些人都是非常文明且正直的人。现在他们没有武器，还缺衣少粮，命运掌握在野人手里，完全没有返回故乡的希望。所以，他能保证，只要我愿意救他们，他们一定效忠于我。

听了他这番诚恳的话，我决定冒险救他们，并想先派星期五的父亲和这个西班牙人渡海去跟他们交涉。可是，当我们一

旅途中的大逆转

叙述：西班牙人坦诚的话让鲁滨逊相信了他的忠诚。

切准备妥当、快出发时，这个西班牙人忽然提出了反对意见。他的意见不仅诚恳，也让我们的计划更加周密和完善，我十分高兴。于是，我听从了他的意见，把计划延迟了一年半。事情是这样的：这个西班牙人和我们一起生活了一个多月。在这段时间里，我告诉他，我是如何生活的，同时他也清楚我的粮食储备量有多少。这些粮食我一个人吃一年当然是足够的，现在四个人吃就有些不够了。如果其他人再过来，粮食肯定不够吃。据他说，他们那边还有十六个人活着。如果我们要造条船远航，这点粮食不够全船的人在路上吃，因此，最好让他和星期五父子今年再多种一些粮食，把我们能省下来的粮食全部做种子并种下去，等收获一季庄稼后，再谈这个问题。这样等其他人过来之后，就有足够的粮食了。如果缺粮食，大家往往心中有怨气，很可能他们会认为自己刚跳出了火坑，又被扔进了大海。

语言描写：说明以色列人在遇困境时是毫无章法可言的。

"你知道，"他说，"以色列人当初从埃及逃出来的时候，都非常高兴，但在缺少面包时，他们甚至背叛了拯救他们的上帝。"他的话很有道理，所以我非常赞同他的观点。于是我们四个人一起动手用那些木头松土。只用了一个月的工夫，赶在播种季节之前，我们就准备好了一大片土地。在这片新土地上，我们播种了二十二斛大麦和十六罐子大米。凡是能省下来的粮食都被我们种在了地里。实际上，我们留下来的用来做面包的大麦根本不够我们吃六个月，好在这里是热带，从播种到收获不需要六个月。

现在我们四个人已经算是很强大的队伍了，即使有野人来，我们也用不着害怕，除非他们来几百人。所以只要有空，

旅途中的大逆转

15. 攻击野人

我们就在全岛各处走动。我们满脑子都是关于逃走和造船的事情,大家无时无刻不在想办法。为了达到这个目的,我在几棵适合造船的大树上做好记号,让星期五父子砍倒,然后我又把自己的想法告诉西班牙人,叫他指挥星期五父子的工作。我把自己以前做的一些木板给他们看,告诉他们我是怎样把一棵大树削成一块木板的,并叫他们学。最后,他们竟然做出来十二块很大的橡树木板,每块宽约二英尺,长三十五英尺,厚度有两三英寸。至于这项工作花费了我们多少时间,简直难以想象。

> 细节描写:野人学习能力和动手能力都很强。

同时,我又想办法扩大我的羊群。我们轮流出去捕山羊,第一天星期五和西班牙人出去捕,第二天我和星期五的父亲出去捕,我们一共捕到了二十多只山羊,并把它们圈养到原来的羊圈里。此外,葡萄成熟的时候,我带领大家到处采集葡萄,并把它们挂起来晒干。我们就晒了六十多桶葡萄干。葡萄干和面包是我们的主要食品,而且葡萄干既有营养又好吃,能大大改善我们的生活。

收获的季节到了,粮食的收成很好,虽然今年不算大丰收,但是收获的粮食已经完全满足我们的需要了。种下去的二十二斛大麦现在收获了二百二十多斛,稻米也收获了不少。我们把粮食储存起来,又开始用藤条编织大箩筐,用大箩筐存放粮食。西班牙人是个巧工匠,藤条箩筐做得又好又快,他还批评我之前没有多编一些备用,但我确实没看出来编那么多有什么用处。

现在我们有足够的粮食招待即将到来的客人了,我决定让西班牙人到对面的大陆看看,商量一下有什么办法可以让那边所有的白人一起来岛上。出发之前,我再次向他说明,如果那

旅途中的大逆转

> 语言描写：说明鲁滨逊最担心的事还是白人的背叛。

边所有的白人不先在他和星期五父亲面前发誓，表明来岛上之后绝不会伤害我，绝不会背叛我，就不能上岛。因为我是为了救他们才让他们来岛上的，并且他们还要发誓，如果有人背叛我，那么其他人应该跟我站在一起，保护我，而且以后要绝对服从我的指挥。这些条件我都要求西班牙人一一写下来，并让想来这个岛上的人一一签字。我知道那边没有纸和笔，怎么写下这些条件并且签字呢？这一点当时大家都没有问。

上次被我们杀死的那些野人有两条船留在了这里，被星期五很好地保存了下来，现在星期五的父亲和西班牙人乘坐其中的一条船返回部落了。上次星期五的父亲乘这条船来的时候是俘虏，而这次乘坐这条船回去的时候已经是自由的人了。

> 细节描写：说明鲁滨逊并不愿意杀戮，表现了他对生命的敬畏。

我给他们一人一支短枪，并给他们配上了八份弹药，并一再叮嘱他们，不到万不得已，千万不要开枪。

这是件令人开心的事情，因为整整二十七年以来，我第一次为逃离这个孤岛采取了实实在在的行动。我给他们的船上放了许多面包和葡萄干，足够他俩在路上吃，而且也足够十几个人在来这里的路上吃。并且我跟他们约定了回来时在船上悬挂的信号，这样他们不靠岸我们就可以认出他们的船来。在叮嘱好各项事情后，我祝他们一路顺风，送他们起航了。

那是十月中旬，至于准确的日子，我也不能确定，因为我之前已经发现我的日历有误差，后来就越来越弄不清楚日子了。有时候我怀疑年份我也记错了，不过在检查记录的时候，确定年份没错。他们出发时，天气晴朗，刮着风。

15. 攻击野人

乐行乐思

这次离岛，不仅是救人，也是逃离孤岛的一次试验，你觉得能顺利进行吗？他们又会遭遇什么困难呢？

旅途中的大逆转

16. 镇压叛乱

他们走后的第八天，发生了一件出人意料的事情，我也从来没有听说过那么奇怪的事情。那天早晨，我还没有起床，星期五突然跑进来，激动地大叫了起来："主人，来了，来了，他们回来了。"我噌地一下从床上跳起来，披上衣服，翻墙出去，因为太着急，我竟然忘记了带枪，这么多年来，无论去哪里我都是随手带着枪的。穿过小树林，我跑到海边一看，离海岸四五海里的地方，有条小船借着风力正快速地向这边驶来。

> 细节描写：鲁滨逊对这次行动十分上心，深刻体现出他想离岛的强烈愿望。

我注意到，那条小船不是从对面大陆来的，而是从岛的东南面过来的，我把星期五喊到身边，让他跟我在一起。因为我不确定这些是什么人，但绝对不是星期五的父亲和西班牙人。我马上回去拿了望远镜，然后爬到屋外的山顶。每次我想看清楚什么东西的时候，总要爬到这个山顶上，这里视线很好，而且很适合隐蔽。

在山顶上，我清楚地看到了在岛的东南边停靠着一条大船，那条船一看就是英国的船只，离海岸七八海里的样子，而那条向岸边驶来的船，是条英国的长艇。

我当时的心情复杂得难以形容。一方面，我看见了英国的船只，我确定那上面肯定有我的同胞，一时高兴得不知道怎么办才好。另一方面，我又有些怀疑。这里不是英国人海上贸易的航线，怎么会有英国的船只开过来，而且，最近没有什么反

旅途中的大逆转

16．镇压叛乱

常天气，也没有暴风，因此这条船也不可能是被风刮来的。若真是英国人驾船来这里，肯定没安好心。与其落到英国的强盗手里，还不如我一个人在岛上生活。

有时候人的感觉真是奇怪，虽然明明知道没危险，但是心里受到一种神秘的暗示，这种暗示非常强烈地让你提高警惕。我相信，但凡对这类事情留心的人，都感受过这种暗示。我这么说是有充足理由的。接下来发生的事情完全可以证明这一点。

> 心理描写：鲁滨逊在紧张与兴奋的同时，做了冷静的分析，体现了他的智慧。

我在小山上看了一会儿，就发现那条英国的长艇已经靠近小岛。他们似乎在寻找河湾，以便把船开进来上岸。但他们沿着海岸没有走多远，所以并没有发现我从前卸木筏的那条小河，之后他们在离我半英里远的沙滩上靠了岸。这对我来说真是幸运。因为如果他们把长艇停在那条小河那里，就会在我的家门口上岸。那样的话，他们就一定会发现我的城堡，说不定会给我带来麻烦。

长艇靠岸之后，他们下了船，我清楚地看到了这些人，他们一共有十一个人，大部分都是英国人。其中有一两个看起来像荷兰人，但后来证明并不是荷兰人。这让我非常激动。但是奇怪的是他们其中三个似乎被捆绑着。长艇一靠岸，就有四五个人把这三个被捆绑的人押下船来。我看到其中有一个正在那里做出各种恳求的动作，看起来非常悲伤、绝望。但是另外两个人只是两手高举着，看起来非常苦恼。

> 神态描写：被绑的人身陷困境，说明这船人来到这里的目的并不单纯。

我弄不明白这些人在干什么。星期五在旁边嘀咕："看啊，主人，英国人跟野人一样，都吃俘虏。""你觉得那几个英国人

旅途中的大逆转

会吃人吗?"我问星期五。他说:"当然,他们一定会把那几个俘虏吃掉的。"我很坚定地说:"不会,绝对不会的,我敢保证,他们只会杀了这些俘虏,但不会吃他们。"说这话的时候,我已经担心英国人会把那几个俘虏杀掉。这时,一个恶棍竟然举起了一把长刀向其中一个人砍去,这让我心惊胆战。

我现在生气,若是西班牙人和星期五的父亲在我身边就好了;若是我能有办法溜到他们附近,打死那些恶棍,把俘虏救出来就好了,因为那些恶棍并没有带枪支,不过最后我还是想到了其他办法。

神态描写:对自己处境的绝望,对生命即将消逝的无可奈何。

那些恶棍把那三个被捆绑的人暴打了一顿,就散开了。他们似乎想在岛上到处看看,没有人看管那三个人,那三个人一副心事重重的样子坐在地上,看起来很绝望。

这情景让我回忆起我从海里逃到这岸上的时候,那时,我环顾四周,以为自己很难活下来,担心被野兽吃掉,只能在树上过夜。没想到上帝这样眷顾我,那天晚上风暴把我们的大船卷到岸边,让我得到了足够的生活用品,靠着那些东西我才能活到今天。同样,现在海滩上那三个可怜的人一定不会想到,在这个看起来没有人烟的孤岛上,他们竟然很快就能获救。他们无论如何也想不到,他们认为毫无生存希望的地方,竟然是最安全的地方。

这些人靠岸的时候正值涨潮,他们中有几个人虐待那几个俘虏,其他人悠闲地在附近看风景。没有人注意潮水的变化,很快潮水退了,结果他们的长艇就搁浅在沙滩上了。

本来有两个人留在长艇上看着,但是后来我才知道,他俩白兰地喝多了,很快睡着了。后来一个人醒了,但是长艇已经搁浅了,他试图把它推到水里,但是没能成功,只好喊岸上的

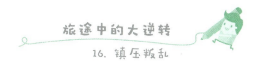

人帮忙。于是大家都跑过去推，但是长艇太重了，沙滩的沙土又松软，他们怎么也推不动。

水手们大概是所有职业中最乐观的了，看到长艇推不动，他们干脆放弃了，又到处走走看看去了。我听一个水手大声说："得了，杰克，不管了，等潮水再涨上来，自然就浮起来了。"听这口音我便知道他们是哪个国家的人了。

> 语言描写：体现出水手的泰然自若，他并不感到危险。

我一直把自己隐蔽得很好，只在城堡上面的山顶观察，不敢远离城堡。想到我的城堡非常隐蔽而且坚固，我心里就感到欣慰。我知道至少要十个小时才涨潮，那时候天差不多也黑了，我可以更好地观察他们了。像上次那样，我们做了充分的战斗准备，并且这一次，我们准备得更充分，因为这次的敌人不是对枪一无所知的野人。现在星期五已经是个枪法高超的狙击手了。

我给了他三支短枪，让他把自己武装起来。我自己则拿了两支长枪。现在我的样子非常恐怖：身上都是羊皮做的马甲和肥短裤，以及兔毛做的大帽子，看起来奇怪又可怕，腰上挂着那把腰刀，还插着两支短枪，左右肩膀各背了一支长枪。

> 外貌描写：鲁滨逊从各方面做了准备，气势逼人，也暗示了要面对的敌人很强大。

因为还有十个小时才涨潮，我有足够的时间，所以我不想在白天行动。下午两点左右，酷热难耐，他们三三两两地跑到树林里休息去了。那三个可怜的人，似乎忧心忡忡、焦虑不安，不能好好休息，只是一起坐在一棵树下发呆。那棵树离我大概有一百码，其他人可能离得稍微有点远，看不到那三个人。

旅途中的大逆转

我决定冒险去了解一下他们三个的情况。前面提到过，我的样子很可怕，而且星期五的样子也好不到哪里去，他跟在我后面，我们悄悄靠近了那三个被捆绑的人。

还没等他们发现我们，我就先用西班牙语说："先生们，你们从哪里来？"一听到声音，他们吃了一惊，转过身来看到我和星期五那可怕的样子，更是吓得说不出话来。见他们要逃跑，我就用英语说："先生们不要害怕，也许我可以救你们。""他一定是上帝派来的，因为现在处于这种处境的我们并不是普通人能够拯救的。"三个人中的一个说，他说这话的时候十分认真，并且脱帽向我致敬。

> 神态描写：说明俘虏十分恐惧，无法相信能获救。

"所有的拯救都是上帝的安排，在危难的时候，你们能让一个陌生人来帮助你们吗？在你们上岸之前我就看见你们了，你们哀求那几个恶棍，还有一个举起刀要砍你的时候，我都看见了。"我告诉他。他惊异地看着我说："在我面前说话的是上帝还是人？你是天使吗？"

> 语言描写：鲁滨逊通过巧妙的方式获得了俘虏的信任，十分机智。

我安慰他说："先生，请不要担心，要是上帝派天使来救你们，那一定会派一个穿着整齐的天使，而且武器也一定比我好。我是人，是个英国人，你们放心吧！我是来救你们的，我带了武器，而且还带了一个仆人。请你们告诉我，我能为你们做些什么吗？你们为什么被捆绑到这里？"

"先生，"他说，"这件事说来话长。我长话短说，我是那条船的船长，他俩一个是大副，一个是旅客。那些敌人曾经是我的手下，但是他们背叛了我。我求他们不要杀了我，因此他

们决定把我扔到这个岛上。他们以为这个岛没有人烟，我们肯定会饿死，现在我们正在发愁呢！"

船长又补充道："那些人就在附近的灌木丛。说实话，我现在已经吓得发抖了，怕他们发现你们听到我们说话，那样的话，我们就都没命了。"

> 语言描写：船长惊恐无助，害怕来救他的人也丧命。说明情况危险，不容乐观。

"他们有枪支吗？"我特别关心这个问题。

"他们有两支枪，但是有一支在船上。"船长回答说。

"那就好办了，一切都让我来处理吧。我看他们现在都已经睡着了，很容易全部干掉。不过，是不是活捉更好一点？"我问。

船长告诉我，那些人中有两个是亡命之徒，决不能宽恕他们。只要把这两个干掉，其余的人就会乖乖回到自己的工作岗位上去。我问是哪两个人。船长说距离太远，看不太清楚，不过他愿意听从我的指挥。"好吧，"我说，"我们退回去一点，免得他们醒来时发现我们。回去我们再商量办法吧。"于是，他们悄悄地跟着我隐蔽到了后面的树林里。

"先生们，请听好，现在我正冒着生命危险救你们，你们愿意答应我两个条件吗？"我问。没等我说具体条件，船长就抢先说话了，只要能消灭亡命之徒，夺回大船，他还有他的船都完全听从我的指挥。如果夺不回来，那么他也愿意追随我，与我同生死。其他两个人也立刻同意船长的话。

> 语言描写：在这样的情况下，船长像抓住了救命稻草，对鲁滨逊急切示忠。

"好吧。我只有两个条件：一是你们在岛上的时候，决不能侵犯我的主权。如果我给你们武器，只要我向你们要回，不

论什么时候,你们都得完好地还给我。不能背叛我或者我手下的人,应当完全听从我的指挥。二是如果我帮你们把大船夺回来,你们必须把我和我的人免费送到英国。"我说。

他立刻答应了我,并发誓请我相信他。他还说我提的条件其实非常合理,他一定彻底执行,而且他还要感谢我救了他的命。

我给了他们三把短枪,还有一些火药和子弹。他们又表达了对我的感激之情,并说愿意听从我的指挥。我说现在事情很难办,不过我想趁着他们熟睡的时候开枪,如果在第一次开火之后,活着的人愿意投降我们就饶恕他,至于第一次开火能打死多少人,那就听天由命了。

> 语言描写:体现了船长的善良与智慧。

船长是个善良的人,他说,尽量不要杀害其他人,只要杀死那两个为首的暴徒就可以了,不然以后祸患无穷,早晚他们还是会鼓动其他人反叛的。

"好吧,"我说,"杀掉他们也是没办法的事,因为这是救你们三个人唯一的办法了。"然而,我还是觉得船长不想伤害其他人,于是,我便建议这件事情由他们三个人自己解决,我们就不插手了。我们在谈话的时候,听见他们中间有几个人醒来了,我问船长是不是那两个亡命之徒,他说不是。

我说:"好吧,如果不是,那就让他们逃走吧。看来是上帝叫醒他们,让他们逃走的。可是如果其他人也逃走了,那就是你的错了,船长。"

> 动作描写:局势十分紧张,稍有不慎就会失去生命。

我的话激励了他,他手里拿着一支枪,腰上别着一支枪,跟着他的两个伙伴出发了,两个伙伴每人手里一把枪,走在前面,可能弄出了点声音,那两个已经醒了的水手听到之后转身看了一眼,立刻大声叫了起来,但已经来不及了。他刚喊出声音，两支枪就同时响了，是大副和旅客开的枪，他俩瞄得很准，两个亡命之徒一死一伤，受伤的立刻爬起来呼救，但船长已经到了他面前，用枪把子狠狠地打了他一下，他晕死在地上。跟那两个亡命之徒一起的还有三个人，一个受了点轻伤。这时，我跟星期五也赶到了。他们看到我们有武器，知道抵抗也没用了，于是只好跟船长求饶。船长说，虽然可以饶恕他们，但是他们必须发誓，以后效忠船长，绝不再背叛船长，并且帮船长把大船夺回来，把船开回牙买加。他们都向船长表达了自己的诚意，并感谢船长宽恕了他们的罪行。船长宽恕了他们，我倒没什么意见，但是要求船长把他们都捆绑起来。

> 细节描写：说明船长是个仁慈的人，也展示了鲁滨逊的机警。

这时我派星期五和大副去把长艇扣留起来，并把长艇上的桨和帆拿下来，他们都一一照办了。不一会儿，有三个在别的地方午睡的人听到了枪声后赶过来。他们看见船长带来了帮手，且手上还有枪，立刻向船长求饶，就这样我们顺利地取得了胜利。

现在，船长和我闲了下来，有时间互相打探一下彼此的情况了。我先把自己的全部经历告诉了他。他认真地听着，流露出惊讶的表情，特别是在我讲到如何弄到粮食和武器时，他更是惊讶。他被我的故事感动了，因为我的经历实在太离奇了。可是当他从我的故事联想到自己的遭遇，想到上帝似乎有意让我活下来，在此处救他的命时，他不禁泪流满面，连话都说不出来了。

> 细节描写：船长感激上帝，也感谢鲁滨逊的救命之恩，是个心地善良的人。

谈话结束后，我把他们三人带到我的城堡。我们还是用梯子翻墙。到家后，我用面包和葡萄干之类的食品招待他们，还

把我自己制造的各种物品介绍给他们看。我的经历及我所做的一切,都让他们感到惊讶。

　　船长很欣赏我的城堡,尤其是我用树林把自己的城堡完全隐蔽起来。这片树林是二十年前被我栽下的,这里天气炎热,树木生长的速度比英国要快很多,现在这片森林已经很茂密了。我告诉他,这是我的城堡和住宅,像许多英国的王公贵族一样,我在乡间还有一处别墅,我偶尔会去那儿休养。我说,以后如果有时间,我会带他们到那儿去看看,现在我们的当务之急是要收回那条大船。船长同意我的想法,可是,他一时半会儿也想不出什么好主意,因为大船上还有二十六个人。他们都参加了叛乱,按照英国的法律,他们都犯了死罪,因此很可能一不做二不休,叛乱到底。因为他们知道,如果叛乱失败,一旦回到英国或任何英国的殖民地,他们就会被判死刑。

叙述说明:船上的人员已然没有退路,只能背水一战,以求生机。

可是光靠我们五个人,是无法打败他们的。

　　他的顾虑是完全有道理的,我建议我们最好赶快行动起来,迟则生变。一方面,我们得用计策,把那条大船上的人引入圈套;另一方面,必须设法阻止他们上岸袭击我们。我建议船长先破坏岸边的长艇,让它无法下水,这样他们就没法划走这只长艇了。于是我们一起去了长艇,把上面的那支长枪拿了下来,又把其他东西也拿了下来。其中有一瓶白兰地、一瓶甘蔗酒、几块饼干、一角筒火药,还有大约五六磅糖。这些东西都是我非常需要的,尤其是糖和白兰地,我已经好多年没见过了。

说明鲁滨逊他们做了许多准备,思虑全面。

　　之前星期五和大副已经把长艇上的桨、桅杆等东西都拿走了,之后我们就在船底凿上了洞。这样即便他们有能力打败我们,也没法划走长艇。

说实话，我觉得收复大船还是存在困难的。我的想法是，只要他们不弄走那只长艇，我们就可以把长艇修好，乘它去利华德群岛，顺便把那些西班牙朋友也带上，因为我心里一直挂念着他们。

我们立刻这样做了起来，先把长艇推到更高一点的沙滩上，防止海水上涨的时候长艇浮起来。做好了这些，我们就坐在海滩上商量下一步如何行动，正在这时，大船上突然响起了枪声，并且摇动旗帜发出旗语：命令小艇回去。可是这边的人早被我们捆了起来，所以大船那边看不到任何反馈，过了一会儿，大船那边又放了几枪，又发了一些其他信号。

从望远镜里我们可以看到，他们发了各种信号之后，又不得不派一只小船过来。当小船逐渐靠近时，我们发现他们船上有十个人，而且都带着枪。

大船现在停靠在离海岸六海里左右的地方。小船划过来时，我们看得很清楚，连船上的人脸也都能辨别清楚。他们向岸上划时，潮水把他们冲到第一只长艇的东边去了。于是他们又沿着海岸往西划，直奔第一只长艇靠岸的地方。

我们能看清楚船上人的长相，船长一一介绍了这几个人的品行。通过他的介绍，我们了解到这船上有三个是老实人，之所以参加叛变，是因为受到他人的胁迫。那个水手长是他们的头目，他和身边的几个人是全船最凶残的，现在发动叛变，肯定会毫无顾忌。船长觉得他们实力太强大了，我们没有取胜的把握。

我笑了笑，跟他说，我们这种本来就处于危险处境的人，在面临其他危险的时候就无所谓了。反正发生任何情况都要比现在的处境好些，因此，我们应该做好思想准备，无论死活，

旅途中的大逆转

> 语言描写：鲁滨逊经历了许多大风大浪，面对危险从容不迫。

都是一种解脱。我说："先生，刚才你还认为上帝让我活着，是为了救你，并激励你。现在你的这种信念去哪里了呢？对我来说，只有一件遗憾的事情。"

"什么事情？"他问。

"你说他们这些人中，有三个老实人是被胁迫才参加叛变的，应该得到宽恕。但是我觉得如果他们是暴徒，上帝一定是故意把他们挑出来送到这里来的。因为我敢保证，那些人都将成为我们的俘虏。"

> 语言描写：鲁滨逊通过语言激发船长的斗志。

"这些叛变者的死活，取决于他们对我们的态度。"我说这些话的时候，故意提高了音量，带着笑容，这让船长受到鼓舞。我们立刻准备，计划他们一下船就把他们分散开。

在之前俘虏的人里面，有两个不老实的，我就让大副和星期五把他俩关到我乡间住宅那边的大洞里去了。那里距离这里很远，即便他们呼救，这里的人也听不到；即便他们能逃出来，也会在森林里走丢。虽然把他们关在洞里，但是我们还是给他们提供了很多吃的，并承诺他们，如果安静地在这里待两天，我们就会给他们自由，但是我们会毫不客气地杀掉任何试图逃跑的人。他们都愿意被关起来，老实地待两天，并感谢我们为他们提供食物和水。星期五还给了他们几支我做的蜡烛，使他们不至于在黑暗中难熬。当然他们绝对没想到，星期五一直在洞口站岗。

> 这是鲁滨逊对俘虏的考验，充分体现了他的智慧。

其余俘虏的待遇比那两个稍微好些，没有被关到大洞里，有两个一直被捆着，因为船长还是不大信任他们，还有两个俘虏因为船长的推荐，现在已经为我们所用。这两个俘虏发誓不

178

会背叛我们，愿意与我们共存亡。因此我们目前总共有七个人，已经全部武装好了。我确信我们能打败船上的那十来个人，况且那些人中还有几个老实人呢。小船在长艇附近停靠了，所有的人都下了船，他们一起把船拉上岸来。看到他们这么做，我非常高兴，因为我担心如果他们把船停靠在水里，并且留人在船上看着，我们就很难夺取小船。

把小船拉到岸上之后，他们首先跑去看长艇的状况，当他们看到长艇已经完全空了，而且底下有大洞时，都露出吃惊的表情。他们站在那里琢磨了一会儿，然后就大喊起来，希望让之前长艇上的伙伴听见，可是这么做并没什么作用。之后他们围成一个圈，放了一阵枪。枪声很响亮，还有回音，可是依旧没什么作用，关在洞里的俘虏根本听不见，其他俘虏被我们看守着，虽然听见了，但他们也不敢回应。

这让他们更加惊讶了。事后他们告诉我们，当时他们以为之前来的那批人已经被野人杀光了，所以他们想立刻回到大船上去。于是他们立刻跑回小船边，准备推船下水。

看到他们的行为，船长觉得非常吃惊，不知道接下来该怎么办了。他觉得，他们回到大船后就会把大船开走。如果他们现在乘小船回去，那么我们夺回大船就更没有希望了。可是，不久，让我们意外的是，那些人又回来了。他们把船划走了一段距离后，又返回来重新靠岸了。

看来他们又商量出了新的方案。那就是留下三个人在船上等着，其余的人到岛上找找失踪的那些伙伴。

这太让我们失望了，我们也不知道该怎么办了。因为在这种情况下小船很容易逃跑，即便我们把岛上的七个人都抓住，也没什么用处。那三个人肯定会逃回大船，大船上的人立刻离开此地，那么我们就没法夺取大船了。

旅途中的大逆转

细节描写：船员并不愚蠢，看来这次战斗不太乐观。

可是，现在除了静观其变，我们别无他法。七个人上岸之后，船上的三个人在离岸很远的地方便下锚停船了，这样一来，我们便无法攻击小船上的人了。

上岸的七人一起向小山头走去，而小山下就是我的城堡，所以从我们这里能很清楚地看到他们，但他们看不见我们。如果他们靠近我们那就更好了，这样我们可以直接朝他们开枪。所以他们还不如离我们远点，这样他们既可以保命，我们也可以到外面去。

在山顶，他们就可以看到那些向东北延伸的山谷和森林，那边是岛上地势最低的地方。一到山顶，他们就一起吆喝起来，直到嗓子喊哑了。看来他们不想直接到山谷和森林里去寻找伙伴，也不想分散开。喊不动了，他们就坐在一起商量办法。若是他们像上一批人一样去睡一觉，事情就好办了。但他们似乎意识到自己处于危险的境地，不敢睡觉，尽管他们目前不知道这里到底有什么危险。

叙述：船长十分机智，提出的建议可行性大，说明他对船员的了解和对生命的珍惜。

在他们商量办法的时候。船长跟我提了一个非常好的意见——他们过会儿可能还会一起开枪，我们就趁他们开完枪，还没来得及装子弹的时候蜂拥而上，把他们全部制服。我觉得这个主意很好，表示完全赞同。但是我补充道，我们必须尽量接近他们，不给他们装子弹的时间。

可是我们埋伏在他们附近很久，他们也不开枪，我们不知道下一步该怎么办。最后只得决定，天黑之前，我们先不采取任何行动。晚上如果他们还没有回去，我们就可以趁夜色包抄他们，或许还能想到办法对付船上的人。

我们一直忐忑不安地等着，巴不得他们赶紧离开。只见他们商量了半天，忽然站了起来，下山朝海边走去。这下我们有点着急了。看来他们认定他们的伙伴已经遇险了，所以放弃继续寻找他们，准备回去了。

事实上的确如此，他们匆忙地朝海边走去，我把我的想法告诉了船长，他也心情沉重，不知该如何是好。可是，我立刻想到了一个把他们引诱回来的主意，而且很快起作用了。

> 承上启下：承接上文，引出下文，激发读者的兴趣，留给读者想象空间。

我让星期五和大副沿着小河往西走，一直走到海岸边的高地上，在高地上大喊大叫，直到让那些小船上的人听见。我又嘱咐他们，在听到水手们的回应之后一定要再叫几声，但是不要暴露自己的位置，要一边叫一边兜圈，尽可能把他们引到小岛深处，然后再按照我指定的路线绕回到这里。

那些人刚要上船，星期五和大副就喊叫了起来，他们听到之后立刻应答，并朝着星期五他们喊叫的地方跑去，但是很快他们就被小河挡住了去路。现在河水很大，他们过不了河。只得把船划过来，渡他们过河。这一切都在我们的意料之中。

过河之后，小船沿着河向里行驶了一小段，在一个地方停靠了，船上又下来一个人跟他们一起走了，现在船上只剩下两人，他俩把船拴在了树桩上。

这太有利于我们的行动了，我让星期五和大副继续做他们的事情，然后带着其他人偷偷过了小河，悄悄地靠近了那条小船。当时，一个人正在岸上躺着闭目养神，另一个人则在船上。岸上的人听到了声音，正要爬起来看看情况，被冲在最前面的船长一下子打晕了。船长对着船上的人大吼一声，命令他

旅途中的大逆转

> 细节描写：船长判断准确，以德报怨，收服了叛员。

立刻投降，不然就杀了他。他看见我们有五个人，而且他的同伴也被打晕，就立刻投了降。他正是船长所说的那三个老实人之一，他不但投了降，而且还愿意投靠到我们这边来，效忠船长。

这时候，星期五和大副也出色地完成了任务，他们边喊边跑，把那八个人从海边引到小山，从这边树林引到另一片树林，把那群人弄得筋疲力尽，完全迷失了方向。估计他们一时半会儿回不到岸边了。现在我们也没什么事可做，只需要监视他们，找好时机发动袭击，把他们彻底打败。

星期五回来几个小时后，那批人才回到了小船停泊的小河边。很远我们就能听到他们的说话声，走在前面的人不断督促后面的人抓紧跟上，后面的人一边答应着，一边叫着太累了走不动。这对我们来说是个极为有利的条件。

> 动作描写：来回折腾让他们筋疲力尽，让鲁滨逊一行更有胜算。

他们终于到了小船附近，当时潮水退去，小船搁浅在岸上，看船的两个人不知去向，他们吓坏了，不知道该如何是好。我听到他们凄惨地叫喊着，他们说这是个魔鬼岛，岛上一定有人，如果没人就一定有魔鬼。

他们又大声叫喊刚才看船的两个人的名字，可是没有回音。我们看见他们惊慌失措地跑来跑去，一副绝望的样子。他们一会跑到船上，一会跑到岸上，来来回回，坐立不安。

这时，我手下的人恨不得立刻趁着夜色把他们包围。可是我想找一个更合适的机会发动袭击，也希望尽可能少杀死几个人。我更不愿意看到我们自己人受伤，因为对方都全副武装。

一旦打起来很可能双方都有伤亡。我决定再等等，趁他们分散开来的时候发动袭击。为了保险起见，我带领所有人在他们附近埋伏起来，并让星期五和船长匍匐前进，我希望在开枪之前，爬得离他们更近一点。

星期五和船长刚向前爬了一会儿，正巧遇到那个水手长——这次叛乱的头目，现在他看起来垂头丧气的。一看见他们，船长和星期五就跳起来向他们开了枪。这个头目当场被击毙了。另外两个水手，一个中弹受伤，不久后因失血过多死亡。另一个没有受伤，撒腿就跑。

我听见枪声之后立即带着其他人行动起来，现在我这支队伍有八个人了，我是总司令，星期五是我的副司令。船长和大副及旅客，还有三个已经投靠我们的俘虏，我们也给他们配发了枪。

趁着夜色，我们发起了猛攻。他们根本不清楚我们到底有多少人。那个被他们留在小船上看船的老实人，现在已是我们的人了。我让他喊那些水手的名字，看看他们愿不愿意跟我们谈判。我们如愿以偿，因为他们本就劳累不堪，再加上对岛上之前发生的事情感到恐惧，所以一谈判他们就直接投降了。

他尽量大声地喊他们中间一个人的名字："汤姆·史密斯，汤姆·史密斯！"汤姆·史密斯听出了他的声音，立即回答说："是鲁滨逊吗？"那个人恰巧也叫鲁滨逊。回答说："是啊，是我！看在上帝的分上，你快放下武器投降吧！不然你们马上都没命了。""我们向谁投降？他们在哪儿？"史密斯问。"他们在这儿，"他说，"船长也在这儿，带了五十个人，他们已经找你们两个小时了。水手长已经被打死了。维尔·佛莱也被枪打，受了重伤。我被俘虏了。你们不投降，他们就会杀了你们！"史密斯问道："如果我们投降，他们会饶恕我们吗？"

旅途中的大逆转

"我现在去问问看。"鲁滨逊说。他跑过来问船长。这时,船长亲自出来跟他们谈判了。"喂,史密斯,是我,我是船长。只要你们现在投降,我愿意原谅你们,除了威尔·阿金斯。"听到船长的话,一个人高叫起来,我猜这应该是威尔·阿金斯。"船长,看在上帝的分上,求你饶了我吧!我现在就放下武器投降,求你原谅我吧!"

> 语言描写:他并不认为自己罪不可赦,希望船长给他一条生路。

但事实上,在发动叛变的时候,正是威尔·阿金斯第一个把船长抓起来的,他对船长十分凶狠,不仅把船长捆绑起来,还对他恶言相对。这时船长说:"你先放下武器投降,至于怎么处理你,由总督来判决。"总督指的是我,他们现在管我叫总督。

总之,他们很快就放下武器,请求船长宽恕他们。于是,我派刚才跟他们谈判的人及另外两个水手把他们都绑了起来。然后,我们五十个人的大军(其实只有八个人)把他们这些人和船都扣押了。

我和另外的一个人,因为身份关系,暂时没有露面。

我们接下来要做的就是修补被凿破的长艇,并夺回大船。这时候船长便跟那些俘虏们谈判了,他跟他们讲了许多大道理,指出他们居心叵测,并告诉他们,个人的邪恶行为终究会给自己带来灾难和不幸,甚至会葬送性命。

> 语言描写:船长以德报怨,希望他们能弃恶从善。

他们向船长忏悔,并求他饶命,但是船长告诉他们:"你们不要求我饶你们性命,你们不是我的俘虏,而是这个岛上的长官的俘虏。我本以为自己被送到了荒芜的孤岛上,但是上帝可怜我,把我送到这个有人居住的地方,而且岛上有一位明智

184

旅途中的大逆转
16. 镇压叛乱

的英国总督，如果英国总督觉得你们罪孽深重，就必须把你们全部绞死。现在他决定饶恕你们所有人，可能总督要把你们都送回英国去，接受法律的制裁，但是威尔·阿金斯明天早晨就会被绞死，这是总督的命令。"

> 细节描写：船员对船长的话深信不疑，增强了鲁滨逊在大家心中的威慑力。

虽然这些话都是船长瞎编的，不过却起到了很好的震慑效果。威尔·阿金斯跪着求船长，请船长向总督求情饶他一命，其余人也向船长求情，请他不要把他们送回英国。

这时，我突然想到，如果这些人都投靠我，让他们跟我一起去夺大船，岂不是很容易。于是，我在夜色中离开了，免得他们看见船长口中的总督是什么样子的。我想跟船长商量一下夺船的计划，因为我离船长有点远，所以就派了一个人去喊他。派去的人对船长说："船长，总督命令你过去一趟。"船长立刻毕恭毕敬地回答说："请回去告诉阁下，我立刻就到。"这样一来，所有人都深信，总督还有他的五十名士兵就在附近。

船长为什么原谅了这些船员们呢？到文章中去找一找，并说一说船长给你留下了什么印象。

旅途中的大逆转

17. 夺回大船

> 鲁滨逊严谨、认真的做事风格贯穿始终。

船长一来，我就告诉他我的夺船计划。他认为我的计划很周密，决定第二天行动。为了保证这次行动成功，我们决定把俘虏分开处理。船长把威尔·阿金斯和另外两个非常凶狠、恶毒的家伙绑起来，送到石洞里去。这样石洞就关着五个人了。

其余俘虏都被送到了我的乡间住宅，这个住宅是有围墙的，相当牢固。现在他们都被绑着手脚，根本没法翻墙。他们也知道，他们的死活取决于自己的表现，因此所有人都表现得很老实。

第二天早晨，我先派船长跟他们谈判。这次谈判的主要目的是看看他们能否跟我们一起去夺大船。船长谈到之前这些人

> 语言描写：船长用智慧与善良收服众人，为夺回大船奠定基础。

对他的伤害及这些人目前的处境。他告诉他们，现在总督已经饶了他们的性命，可是即使把他们都送回英国，他们在那里也会被当局绞死。不过，如果他们能参加此次夺船的行动，就可以将功补过，他可以请求总督赦免所有人。

这是俘虏们求之不得的，他们当然同意船长的建议，于是跪在船长面前发誓，一定会效忠于船长，感谢他的救命之恩，愿意听从他的派遣。

17. 夺回大船

"好吧，我现在马上回去跟总督汇报一下，请求他赦免你们。"船长说。之后他就将这些人的状况向我做了详细的汇报，并且补充说，他相信这些人会听从指挥，站在我们这边。

话虽然如此，但是为了保险，我还是让船长回去了一趟，挑选了五个相对可靠的人，并且告诉其他人总督并不缺人手，现在只需五个人做助手即可，其余人都留下来做人质，以确保参加行动的五个人完全忠诚。如果这五个人有任何一个人背叛总督，那么岛上的五个人质将会全部被吊死。

> 细节描写：体现了鲁滨逊的细心，为离开荒岛打下基础。

这个做法使得他们相信总督是个办事非常认真、严肃的人。结果，那几个当人质的俘虏比船长还要苦口婆心地劝说参加行动的五个人，希望他们忠于船长，忠于总督，尽职尽责。

夺船大军的构成是这样的：第一部分，船长、大副、旅客；第二部分，长艇上的两个水手，经过船长的推荐，他们早已加入了我们的队伍，并且得到了武器；第三部分，小船上的两个水手，这也是船长推荐的；第四部分，最后挑选的五个人。

因为岛上还有俘虏，其中七个被关在乡间住宅那里，还有五个被关在大石洞里。我跟星期五需要看守这些人质并且给他们提供食物。第一次去看守俘虏的时候，是船长带我去的，他跟俘虏们介绍说我是总督派来监视他们的。总督的命令是，所有被俘虏的人都得听我指挥，没有我的命令，不能乱跑，如果乱跑被抓到，即刻会被送到城堡去并被拴上脚镣。为了不让他们发现我其实就是总督，现在我就以总督手下的身份出现，并时不时提到总

> 叙述：这样隐藏身份，是对鲁滨逊自身的保护，防止遭遇叛变。

督、军队、城堡等事情。

　　这次由船长带领这些人去夺取大船。船长把长艇上的洞修好，并且把小船和长艇装备好。旅客带领四名水手乘坐小船，船长带领其他人乘坐长艇，一前一后出发了。他们一路上很顺利，半夜的时候就划到了大船旁。当他们快靠近大船时，船长命令那个和我重名的水手跟船上的人打招呼，告诉船上的人他们把人和船都找回来了，就是费了点时间。他们一边用这些话敷衍船上的人，一边靠近大船。一靠近大船，他们就迅速地上了船。船长和大副把船上的二副和木匠打晕了，接着把甲板上的人制服了，他们把舱口关上，把舱底的人关在下面。

> 叙述：计划严密，一气呵成，体现了船员敏捷的身手，以及他们之间默契的配合。

　　旅客和四名水手从船头上的铁索迅速爬了上来，占领了船头和通往厨房的舱口，把厨房里的三个人俘虏了。

　　之后，船长就命令大副带三个人进攻甲板室，去抓做了新船长的叛徒。这时，那个新船长已听到了警报声，从床上爬了起来。他身边还有两个船员和一个小听差，每人手里都有枪。当大副用一根铁锹杠把门劈开时，那个新船长和他手下的人就不顾一切地向他开枪。一颗子弹打中了大副，他的胳膊断了，另外两个人也受伤了，但没有人死亡。受伤的大副一边大声呼救，一边冲进船长室，朝新船长打了一枪。这一枪打得很准，子弹正好打在新船长的头部，他立刻倒下去了。其余的人看到这情形，马上投降了。于是，大船就这样迅速地被夺了回来，之后再也没有人死亡。

> 叙述：鲁滨逊和船长凭借聪明才智以最少的伤亡夺回了大船。

　　占领大船后，船长首先通知我战斗取得

旅途中的大逆转

17. 夺回大船

了胜利，他命令水手连着放了七枪——这是我和他约定的成功的信号。听到这个信号我高兴得直流泪。因为我一直坐在岸边死死地盯着大船的方向，等候这个信号，一直等到半夜两点。

听到枪声后，我倒头便睡。忙碌了一天，我已经累坏了，所以睡得很沉。忽然，睡梦中一声响亮的枪声把我吓醒。我立刻爬起来，听到有人在喊："总督！总督！"我听出来那是船长的声音，爬起来一看果然是他。船长激动地指了指大船，一把将我搂到怀里。"我亲爱的朋友，我的救命恩人，"他说，"这是你的船，是你的，我们这些人和船上的一切也都是你的！感谢你！"我顺着船长指的方向看了看，只见大船停泊在离岸不足半英里的地方。

> 动作、语言描写：船长无比激动，几天前他差点死去，如今夺回了大船，欣喜无比，同时他信守承诺，忠诚于鲁滨逊。

这突如其来的喜悦让我几乎晕倒，想逃离这个孤岛的愿望更加明晰。现在已经有一艘大船，它可以把我送到任何我想去的地方。好久，我激动得说不出话来。如果不是船长紧紧抱住我，我早就倒在地上了。

他见我太激动，立刻从口袋里掏出了酒给我。喝了几口之后，我才相信这是事实，可还是很激动。船长跟我一样激动，不过他还是跟我说了许多安慰的话，让我平静下来。我心中又惊又喜，最后竟然哭了起来，过了好久才说出话来。

> 动作描写：鲁滨逊已在孤岛求生二十多年，内心五味杂陈，难以言说。

这时，我拥抱了船长，感谢他能够拯救我。我对他说，在我眼里，他是上帝派来救我的。这件事太巧合了，也许真是上帝有意安排的。我真诚地感谢上帝，在这遥远而荒芜的孤岛上，是上帝恩赐给我食物。我一次又一次地绝处逢生、死里逃

旅途中的大逆转

生,也都是上帝的恩赐。上帝如此宽厚仁慈,谁能不对他表示由衷的感谢呢!

船长和我聊了一会儿后告诉我,他给我带了一点饮料和食物。这些东西,因为船上的暴动,现在只剩下这么一点了。说着,他向小船高声喊了一声,命令水手们把献给总督的东西搬上岸来。这看起来够我在岛上吃上一年半载的。

细节描写:鲁滨逊与外界断联太久,对外界不适应。

我从头到脚都穿上了体面的衣服。对于我这种处境的人,这简直是一份无比慷慨的礼物,可是刚把这些衣服穿上身时,我竟然感到有些别扭,浑身不自在。

馈赠仪式结束后,东西都被搬到了我的城堡里。现在我们开始商量处置俘虏的问题。将他们带上船是一件有风险的事情,我们需要慎重考虑。我认为他们中间有两个人是顽固不化的暴徒,带上船肯定会蛊惑人心。船长说那俩不值得宽恕。

我建议即使把他们带走,也必须关在船上。只要船开到英国殖民地,就把他们送交给当局处置。船长依旧对此事表示很担忧。我告诉船长,如果他同意,我有办法说服那两个暴徒,

语言描写:表现船长并不忍心杀了他们,但又不希望带走他们。

让他们主动请求留在岛上。"如果你能那样做,简直是太好了,我绝对同意。"船长说。"那好,"我说,"我现在就把他们叫来谈谈。"我吩咐星期五和那两个人质去执行这一任务。当时,我们早已把那两个人质释放了,因为他们的伙伴夺回了大船。他们就一起到洞室去,把关在那儿的五个人带到了我的乡间住宅里,等我去处置。

过了一会儿,我穿上新衣服以总督的身份出现了。船长陪我到了那边,我就命令其他人把那五个俘虏带到我面前来。我

17. 夺回大船

对他们说,关于他们的罪恶行为,我已获得了详细的报告,也了解他们如何把船夺走,并且准备用船去做海盗。我要让他们知道:在我的指挥下,大船已经被夺回来了,现在正停泊在附近;他们过一会儿就可以看到,他们的新船长被吊在桅杆顶上示众,他罪有应得;至于他们,我完全可以把他们当作海盗来处罚。当然,他们绝不会怀疑,我完全有权把他们处死。

语言描写:这些威慑人的话让恶人明白自己的罪行,也体现出法律的至高地位。

我问他们还有什么可说的。这时,他们中的一个说话了。他说,他承认他们犯了重罪。只是在他们被俘虏时,船长曾答应饶他们性命的,所以也请我饶恕他们。我告诉他们:因为我已决定离开这里回英国,所以我不知道该怎样饶恕他们。至于船长,虽然答应饶他们性命,但他也只能把他们带回英国,交给当局处理。在英国这种罪行是要被绞死的。所以,我实在想不出更好的办法,只要他们愿意留在岛上自己谋生,我可以饶恕他们。

补充交待:看似是让他们自己抉择,其实是鲁滨逊的精心安排。

他们当然愿意冒险在这里生存,坚决不肯被带回英国绞死,而且非常感谢我允许他们留在这里。所以这件事很快就这么定了。船长看起来并不同意我的办法,他似乎不敢把他们留在岛上。于是,我有点生气地对他说,这是我的俘虏,不是他的。之前既然同意饶他们的性命,那么就应该遵守诺言,放了他们。但是如果他不同意我的办法,在我放掉之后,他自己可以把这些人再抓起来,到时候就随他处置了。

那两个俘虏对我非常感激,我告诉他们我会给他们一些食物。如果他们需要的话,我可以教他们一些在这岛上获得食物的方法。

旅途中的大逆转

> 语言描写：即使是恶人，鲁滨逊对他们也存有善意，给他们改过自新的机会。

解决了俘虏问题，我们就开始为上船做准备了。我告诉船长我还需要收拾些东西，所以得耽搁一晚上。我让他先回船上，将各项事情安排妥当，第二天再用小船来接我。我特别强调，一定要把那个被打死的新船长吊在桅杆上以警示众人。

船长走后，我派人把那五个俘虏带到我的房间里来。我很严肃地跟他们分析了他们的处境并告诉他们，选择留在岛上是非常明智的。如果跟着船长回去，那么回到英国一定会被绞死。我指了指被吊在桅杆上的新船长，告诉他们："与其被吊

> 细节描写：鲁滨逊用心教他们如何生存，细致周到。

死，还不如在这个岛上好好活着。"他们都表示愿意留在这里。于是我把我在这里的生活情况告诉了他们，并教他们如何才能生活得更好。我介绍了小岛的环境、气候、物产，带他们看了我的城堡，介绍了制作面包的方法、种植粮食的时间、晒制葡萄干的技巧等，还介绍了如何养殖山羊，以及如何挤奶、做奶酪等。我又告诉他们，不久将有十几位西班牙人来岛上，希望他们能够善待这些人。我留了一封信给西班牙人，希望他们能够代为转交。

我把我的枪支、弹药都留给了他们，包括五支短枪、三支长枪、三把刀、一桶半火药。火药我一直用得非常节约，除了刚来的那两年用掉了一部分，后来基本没用过，所以剩下不少。

总之，我分享了我所有的生活经验，并赠送给他们我的大部分财产。我还对他们说，我会劝船长给他们再留一点火药和蔬菜种子。我还把船长刚送我的一袋豆子转送给了他们，希望他们能将种子在这里播种。

17. 夺回大船

第二天一大早,船长派小船来接我,可是那五个俘虏中的两个也游到了大船上,他们向船长诉苦,痛哭流涕地告诉他其他三个人怎样欺负他们,看起来十分可怜。他们恳求船长,看在上帝的分上,让他们离开这里,他们一定会痛改前非,留在岛上他们肯定会被杀死。

> 语言描写:他们渴求生存,有很强烈的改过之心。

船长看到这种情景,就说自己无权决定,所有事情都要我同意才行。最终我还是同意他们上船了。上船之后,他们每个人都挨了一顿鞭子,打完之后又给他们擦上了盐和醋。从此,这两个人变得非常老实安分。

过了一会儿,涨潮了。我把菜籽和火药,还有岛上那三个人留在大船上的箱子和衣服送到岛上,他们收到后对我千恩万谢。我又鼓励他们,如果有机会,我会派船来接他们,我不会忘记他们的。我把自己制作的一顶羊皮帽、一把羊皮伞和鹦鹉带到了大船上,留作纪念。当然我也没有忘记把钱带走。我总共有两笔钱:一笔是在之前我所乘坐的那条船上找到的,另一笔是从触礁船上找到的。这些钱都已经生锈了。

> 语言描写:临走前留下承诺,让他们在岛上生活时有所期望。

根据船上的日历,我们在1686年12月19日早晨起锚开船,离开了这个孤岛。巧合的是,很多年以前,也是在12月19日,我从萨累的摩尔人那里逃了出来。这是船上的日历显示的日期。

你觉得鲁滨逊处理俘虏的方式有哪些优点?有哪些缺点?

旅途中的大逆转

18. 收回巴西财产

1687年7月11日，我终于又踏上了英国的领土。算起来，我离开英国已经三十五年了。到了英国之后，大家都把我当外国人对待，好像我从没来过英国似的。替我保管钱财的恩人，即我忠实的管家，仍活着，不过她命运坎坷，再嫁之后又死了丈夫，经济十分拮据。我让她不必把我的钱放在心上，如果她没有钱，我绝对不会向她要的。而且为了报答她一直以来对我的关心和忠诚，我还送给了她一些钱。当然我现在也很穷，实在不能给她太多的帮助了。可是我向她承诺，如果以后有条件了，我会给予她更多的帮助。当然，这都是后话。

叙述：鲁滨逊离开太久，大家对他非常陌生。

后来，我回到了我的出生地约克郡，我的父母都已经去世了，我母亲的亲戚也基本去世了。我只找到了两个妹妹和我哥哥的两个孩子。因为父母都认为我早就去世了，所以并没有给我留下任何遗产。总之，我现在没有什么收入，也没有得到什么遗产，身上的一点钱也不够我成家立业。

转折：船长知恩图报，信守承诺。

令我意外的是，在我这么窘迫、贫困的时候，有人却来报答我。之前我救了船长，并帮他夺回了大船和船上的货物。船长把我如何救人、如何夺船的事情详细地告诉了船主。为了感谢我，船长和货物的主人们给了我两百英镑。

旅途中的大逆转

18. 收回巴西财产

我反复考虑了我目前的处境，觉得我现在的经济条件不足以让我过上舒服的生活，就决定去里斯本一趟，看看那边有没有从巴西来的船只，我想打听一下我在巴西的种植园的情况和我的那几位合伙人。我想，我的那几位合伙人肯定以为我死了。

我搭上了去里斯本的船，并于第二年四月到达。我这样到处奔波的时候，星期五一直跟随着我，他忠诚可靠，无论什么时候，都是我最好的伙伴。

叙述：星期五是一个忠诚可靠的仆人，他与鲁滨逊相互依靠，相依为命。

在里斯本，经过多方打听，我竟然找到了我的老朋友，就是那个在非洲救了我的船长，这太令我高兴了。船长现在年纪很大了，已经很多年不出海了，他的儿子现在当了船长，也已近中年，还是在往返于巴西和里斯本贩卖货物。老船长已经不认得我了，说实话，我也差点认不出他了。当我告诉他我是谁之后，他才想起我来。

老朋友久别重逢，热泪盈眶，激动不已。我向他打听了我的种植园和我的合伙人的情况。他告诉我，他上次去巴西还是九年以前，那时候我的合伙人还在，离开巴西之前，他委托两位代理人管理我的产业，后来两位代理人也先后去世了。不过关于我种植园这几十年来的收益报告，倒是很容易得到。因为大家认为我出事以后，就把种植园中我的股份收入报告给税务官。税务官担心我永远不会回来，就将我的种植园的收益做了如下处理：每年收益的三分之一归政府，三分之二捐赠给修道院，用来救济灾民。但如果我，或者我的继承人回到巴西申请这笔财产，那么缴纳给政府的那部分财产可以归还给我，捐赠给修道院的则不再归还。

老船长说，政府征收土地税的官员，还有修道院的司事共

旅途中的大逆转

同监督着我的合伙人，因此我的合伙人每年都会把种植园的收益报告做得很翔实，并且如数上交我的收益部分。

我问他现在种植园经营情况如何，是否值得继续经营下去，如果我现在去巴西，把我应得的那部分要回来，是否存在困难。老船长告诉我，他也不清楚种植园现在的经营状况，不过他知道我的合伙人虽然只拿到了种植园一半的收入，但已经富甲一方了。他曾听说我种植园每年收益的三分之一就有两百个葡萄牙金币，这三分之一交给政府后，政府又拨给了某个宗教机构。收回这部分钱并不难，因为我的合伙人还活着，可以证明这部分收益是我的。另外，船长还告诉我，我的两位代理人的继承人都是非常正直、诚实的人。他相信，他们也可以帮助我拿到我的那部分收益，而且他们那里还替我保管了一大笔钱，那是他们的父亲在替我管理种植园期间的收益。

> 叙述：
> 鲁滨逊广结善缘，遇到了许多友好的朋友。

根据老船长的回忆，我每年的收益交给政府、捐给修道院是十二年前的事情，之前十几年的收入都由代理人保管。

听了老船长的话，我心里有些担忧。我问老船长，既然在我离开之前已经指定他，这位葡萄牙籍船长，作为我全部财产的合法继承人，那两位代理人为什么要管理我的财产呢？

老船长说，因为我的死亡消息并不确切，所以他还不能继承我的遗产。之前他把我的遗嘱向有关部门登记过，还提出了继承我财产的要求。如果他能够向政府提供我已经死亡的证明，那么他现在早就已经继承了我的财产，接管我的糖厂了。

"可是，"老船长又说，"还有一件事，我不得不坦诚地告诉你，虽然你听了可能会不高兴。当时，所有人都认为你已经去世了，所以你的合伙人和代理人就把你前几年的收益都给了

旅途中的大逆转

18. 收回巴西财产

我,大概有六七年的收益吧,我都收下了。但因为当时种植园正处在发展期,需要大量的资金购买设备,开设糖厂,购买奴隶,所以收益不是特别多,但我会尽快列一份详细的账单给你。"

> 语言描写:合伙人正义守信,这位老船长正直善良,很坦诚。

我和老船长连续聊了很多天。他把我离开之后种植园前六年的账单给了我,上面有我的合伙人和两位代理人的签字。当时的收益都是货物,不是现金。从账单上可以看出,我的收益逐年增加,但是正如老船长所说,因为开支也比较多,实际上收益并不多。尽管如此,老船长说,他还欠我四百七十块葡萄牙金币、十五捆烟叶、六十箱糖。那些货物他本来想运回里斯本,可是船在海上失事了,货物都沉到了海里。这件事发生在我离开巴西后的第十一年。

老船长跟我叙述了他的不幸,货物损失后,不得已他用了我的钱去弥补损失,在另一条船上入了股。"不过,"老船长说,"如果你需要钱,我还给你。等我儿子回来,就可以全部还给你。"说着他拿出一个很旧的钱袋子,把里面所有的金币都倒了出来给我,总共一百六十个葡萄牙金币。他又把他在船上入的四分之一的股份开了一张转让证明给我,作为欠款的担保。

> 语言描写:体现了老船长的直率与守信,令人动容。

他入股的那条船被他儿子开到巴西去了。

可怜的老船长,如此善良和正直,让我非常感动。想想过去他对我那么仁慈,想到是他救了在海上漂荡的我,多次帮助我,从未索取回报,现在他对我还是那样真诚,听着他的话我禁不住泪流满面。我立马问他,

> 心理描写:鲁滨逊被老船长的坦白和真诚打动,内心非常感动。

旅途中的大逆转

以现在的经济条件，一下子拿出那么多钱，会不会给他带来困难。他说，虽然会有些拮据，但毕竟那是我的钱，应该还给我，而且我现在更需要这笔钱。

老船长的话充满真挚的感情，他一边说，我一边哭。最后我拿了他一百个葡萄牙金币，并写了一张收据给他，其余的钱我坚决没有收。我告诉他，如果收回我的种植园，这一百块我也会还给他的。后来我确实也这么做了。至于他转让股份给我，我是无论如何都不愿意要的。

我说，我信赖他，假如我需要钱，我相信他一定会还给我的。因为我知道他是个诚实、善良的人，假如我不需要钱，我就不会再向他要一分钱。

后来，老船长又问我需不需要他帮忙，把我的种植园收回来。我告诉他，我想自己去巴西看看。他说，如果我想去看看，他也不阻止，在里斯本的特茹河，正好有船要去巴西。不过如果我不想去的话，他也可以帮我想办法要回我的财产。

他建议我先去官方登记处注册一下我的名字，并且他自己也写了一份证明，证明我还活着，同时声明当时在巴西购买土地建种植园的正是我。老船长把他的证明做了公证，并附上一份委托书。之后，他又写了一封信，连同上面的证明和委托书，一起寄给了一位巴西的朋友。办理完这些事情后，他劝我在他家住几天，等待回信。

这次委托手续办得非常公正，大概半年后，我收到了两位代理人的继承人寄给我的包裹。包裹里有这些文件：一是种植园的流水账，起始时间是他们父亲和老船长结算的那一年，总共六年，应该给我一千一百七十四个葡萄牙金币。二是政府接管之前的账目，一共四年，这是他们把我作为失踪者时替我保管的财产。这四年种植园的收入逐年增加，我的股份共收益三

旅途中的大逆转

18. 收回巴西财产

万八千八百九十二个葡萄牙银币，也就是三千二百四十一个葡萄牙金币。三是捐赠给圣奥古斯丁修道院的明细。这是修道院院长记录的，他说修道院已经接受捐赠十四年了。因慈善事业用去了大部分，现还存有八百七十二个葡萄牙金币。他现在把这笔钱存在我的账上。

还有一封我的合伙人写给我的信，他首先真诚地祝贺我还好好地活着，并向我详细介绍了我们产业发展及收益情况，介绍了种植园的面积、如何种植、奴隶数量等。他很希望我能去巴西接收我的产业，但是如果我实在没有时间去，请我告诉他应当把财产转交给谁。在信的末尾，他又代表全家向我表示祝福，同时还赠送了七张漂亮的豹皮给我。这些是他派到非洲的另一条船给他捎回来的。还有一百枚金元，金元比葡萄牙金币小一些。此外，他还捎给我五箱美味的蜜饯。

> 细节描写：合伙人的善良品格展示无余，他并未吞并财产，还格外惦念鲁滨逊。

我的两位代理人委托一支船队给我带来了一千二百箱糖、八百捆烟叶，还把我在他们那边的所有财产都折合成黄金给了我。

当得知我所有的财产已经安全到达里斯本时，我的内心无比激动。巴西的船从来都是成群结队来里斯本的，我的包裹抵达的时候，糖和烟叶也同时抵达特茹河了。我不能呼吸，脸色苍白，若不是老船长立刻给我喝了点提神酒，我相信这突如其来的巨大惊喜，肯定让我兴奋得精神失常，或者晕过去。即便喝了几口提神酒，我还是不能很顺畅地呼吸，一直持续了好几个小时。后来老船长给我请来了医生。医生问清楚缘由之后，他给我放了血，我这才慢慢地恢复了正常。

一夜之间，我便由一个没有钱安身立命的人，变成了千万

旅途中的大逆转

富翁,不仅有五千英镑的现钱,还在巴西拥有一份大产业。我首先要做的当然是报答我的恩人,就是善良的老船长。之前,在我遇难时,在我贫穷时,他都对我十分慷慨和仁慈,自始至终真诚待我。我把收到的所有东西都给他看了,并告诉他,我拥有今天的这些财富,除了感谢上帝外,全靠他的帮助。现在我有能力报答他的恩情了,我必须涌泉相报。我先把之前他还给我的一百个葡萄牙金币还给他,并起草了一份字据,免去他欠我的四百七十个葡萄牙金币,并且请了公证人进行公证。办完这个手续后,我又起草了一份委托书,委托老船长作为我种植园收益的管理人,我的合伙人需要每年向老船长报告种植园情况,并把我的收益由船队带给老船长。在这份委托书的最后,我还特意加了一条,老船长只要在世,每年可以从我的收益中获得一百个葡萄牙金币。在他过世后,他的儿子依旧每年可以得到五十个葡萄牙金币。

叙述:鲁滨逊知恩图报,慷慨大方,与人为善,报答了老船长。

现在我不得不考虑如何处理我这份巨额财产了。说实话,这要比在荒岛上的寂寞生活更让我操心。在孤岛上,只要能维持温饱,我别无他求,除了几样生活必需品,我一无所有。可现在我既然拥有那么多财产,就必须承担起管理的责任。现在可没什么洞穴藏我的钱,更没有什么地方随便放了钱也不会丢。

另外,我觉得我需要去巴西一趟,看一下我的种植园,但在这之前,我需要找可靠的人托管财产,不然我是不放心的。最初我想到我的老朋友,就是那位寡妇,她诚实可靠,但她现在年纪大了,而且负债累累,所以我不方便让她托管,只得带着所有财产回英国。

现在我已经报答了我的恩人老船长。我又想起我的另一位

200

恩人，那位可怜的寡妇了。她的丈夫是我的好朋友，也是我的恩人，在她丈夫去世后，她又是我忠实的管家，并像长辈一样常常开导我。于是我托里斯本的商人写信给他的朋友，请那位朋友转交给寡妇一百英镑，同时转告她，只要我还活着，我以后还会常常接济她，希望她不要为生活发愁。另外，我寄给我两个乡下的妹妹每人一百英镑。她们虽然并不贫穷，但生活得也并不是十分幸福。一个妹妹现在变成了寡妇，另一个妹妹的丈夫对她不太好。

> 鲁滨逊从未忘记对他友好的人。滴水之恩，涌泉相报。

在我所有的亲戚和朋友中，我找不到合适的委托人去保管我所有的财产。这件事让我非常烦恼。

我也考虑过直接去巴西安家，因为之前我已经入了巴西国籍。但因为宗教信仰的差异，我还是有些顾虑，不敢贸然决定。这个问题，我以后还会谈到。现在我面临的不是宗教问题，而是我的财产托管问题。所以我决定先带着我的财产回英国，在那里我说不定可以认识一些朋友，或者找到忠诚的亲戚。因此，我决定现在带着所有财产回英国。

回英国之前，我先处理了一些事情。开往巴西的船队马上要出发了，我先写了几封回信。巴西那里的人给我的来信都十分友善，对我的财产处置十分公证，因此我也应该把信写得体面一些。我先给修道院院长回了信，感谢他公正无私的办事态度，并且把修道院现存的八百七十二个葡萄牙金币全部捐赠了，其中五百个葡萄牙金币给修道院，剩余的请院长捐赠给贫穷的百姓。

> 细节描写：鲁滨逊并不贪心，也不斤斤计较，这也是他广结善缘的原因之一。

第二封信我写给了两位代理人的继承

旅途中的大逆转

人，感谢他们一直以来妥善保管我的财产，且做事公正、诚实。我本想送他们礼物以表达我的谢意，但是一想到他们生活富足，什么也不缺，也就作罢了。

最后一封信是写给我的合伙人的。感谢他这么多年以来苦心经营种植园，尤其感谢他在扩大种植园和新建工厂方面付出的辛勤劳动。在信中我对我的财产收益做了安排，请他今后直接把我的收益和种植园的账单寄给老船长。如果以后有什么变动，我会及时通知他。同时，我还告诉他，我不仅要去巴西看望他，而且打算定居在那里。另外，之前听老船长说，我的合伙人已经结婚并且有两个女儿，所以我又置办了一些上等的意大利丝绸、英国细毛呢、五匹黑粗呢，还有一些非常美丽的、昂贵的弗兰德斯花边。

鲁滨逊是怎样处理他的财产的？当他得知自己有一大笔财富且还未拿到时，你为他担忧吗？说一说你的想法。

19. 曲折的回国路

　　该处理的事情基本处理完了，从巴西运来的糖和烟叶也都卖了，我又把钱换成汇票，现在就该考虑如何回英国了。我已经习惯走海路了，可是这次我心血来潮，突然不想走海路了；我也说不出有什么理由，反正莫名其妙就是不想走海路。以至于有两三次，我都带着行李上船了，又改变主意下了船。可能由于我有过多次不幸的航海经历，所以现在有些不愿意乘船。但任何人都不该无视心里那些突然冒出来的奇怪想法。我曾两次特意挑了我觉得比较可靠的船搭乘：第一艘，我行李都搬上去了；第二艘，我也跟船长约定好了。可是后来我都临时改变了主意，没有上船。结果那两艘船都出事了，一艘被强盗掳走了，另一艘在半路上遇到风暴沉没了，只有三个人生还。反正只要我乘哪艘船，哪艘船就会遭遇不幸。

　　我为这件事伤透了脑筋，我跟老船长诉苦，他也反对我走海路，建议我最好走陆路。先出发去拉科鲁尼亚，渡过比斯开湾罗谢尔，再转去巴黎，从法国回英国。这条路线非常安全，而且很舒适。

　　总之，不想走海路的想法已经牢牢地刻在我的脑子里，无论如何都改变不了。好在我现在并不急着赶路，也不在乎多花钱，所以决定全部走陆路。为了让旅途更愉快些，老船长还为我找了个英国绅士同行，他是里斯本一位商人的儿子，很愿意

旅途中的大逆转

叙述：父亲的忠告仍萦绕在耳畔。鲁滨逊在海上也遭遇过许多困难。

旅途中的大逆转

跟我一起结伴而行。此外，我们后来又找到四位同行者：两位是英国商人，还有两位是去巴黎的葡萄牙绅士。如此一来，我们一行就有六个人，还有五个仆人。两位英国商人和两位葡萄牙绅士为了节省开销，共用一个仆人。因为星期五对这里不熟悉，所以我除了带着星期五，还雇用了一个英国水手做仆人。

> 叙述：多年的生存和领导经验，让鲁滨逊更加成熟和稳重。

收拾好行李，我们就骑马出发了，每个人都全副武装，像一支小军队。因为我年纪大，且有两个听差，更重要的是，我还是这次旅行的组织者，所以大家都非常尊重我。

长途旅行是艰苦而乏味的，不过这期间也发生了几件险事，在这里不得不跟大家讲述一下。

到达马德里之后，大家决定在这里逗留几天，因为我们都是第一次来西班牙，很想利用这个机会参观一下西班牙皇宫和其他值得参观的地方。这时候已经是秋末，在马德里待了一阵子之后我们又匆匆上路，离开时已经是十月中旬了。

> 叙述：危险与挑战又一次来临。

之后我们到了达纳瓦拉边境，在沿途的小镇上，不断有人议论下大雪的事情，说法国境内的山上已经开始下大雪，有些试图穿越山区的人被迫返回到潘佩卢那。

我们到潘佩卢那之后发现，的确很多人因大雪滞留在这里。这么多年来，我一直生活在热带，穿衬衫都觉得热。突然遇到这么冷的天气，有点不适应，十天前我们才离开气候温和的旧卡斯蒂亚丽，现在居然就遭遇了大雪。

> 夸张：说明天气十分寒冷，出人意料。

比利牛斯山冰冷的风把人的手脚吹得发凉，我的手指头和脚指头差点被冻掉了，气候变化如此之大出乎我们的意料，也给我们的旅程带来了麻烦。星期五这个可怜的家伙从没有见过雪，现在突然遇到大雪山，天气又冷，简直把他吓坏了。

更郁闷的是，我们到了潘佩卢那之后，雪还是继续下个不停。当地人说今年冬天来得比往年早很多。本来这一带的山路就不是很平坦，现在直接无法通行了。有些地方的雪已经很深了，寸步难行，而且这里的雪非常松软，不像北方的雪那样冻得结结实实的，遇到雪深的地方人有可能会被活埋。在潘佩卢那我们滞留了二十多天，眼看天气越来越冷，冬天已经彻底来了，天气没有变暖的可能。不得已，我提出建议，先转到风塔拉比亚，从那边坐船去波尔多。那段水路比较短，相对安全。

叙述：再等下去毫无意义，只会白白浪费时间。鲁滨逊不得不考虑改变路线。

我们正在重新规划路线的时候，山那边来了四位法国绅士，他们说，法国境内的山路跟西班牙这边的山路一样，都被大雪封住了。不过他们从法国来的时候找了个当地的向导，带着他们绕过了朗格多附近的山区，路上倒是没遇到什么大雪。即便有些小路上有雪，也已经冻得很结实，人和马都可以直接在上面行走。

我们找到了那位向导，请他把我们带过去，他很乐意而且保证路上不会遇到大雪。但是他说大雪过后，山里的野兽找不到食物，经常有些饿狼之类的野兽出没，所以我们必须携带足够的武器，以免遭受野兽的袭击。

我问他路上有没有强盗，因为我曾听说这一带，尤其是法国境内，强盗特别多，经常出现抢劫路人的情况。向导说，我们走的路很偏僻，不会遇到强盗。于是，我们都同意跟着他走，还有滞留在此地的另外十二位绅士和他们的仆人也决定跟我们一起走，他们都是法国人和西班牙人。

旅途中的大逆转

> 环境描写：柳暗花明又一村，似乎是条不错的路。

十一月十五日，我们几十个人跟随向导从潘佩卢那出发了，没想到的是，他并没有带着我们继续往前走，而是朝着马德里方向往回走了二十多英里路，之后渡过两条河，来到了平原地区。这里的气候明显比潘佩卢那暖和，阳光明媚，没有一片雪。之后向导突然朝左一拐，便把我们带到了山里，这里的路崎岖不平，两边都是悬崖峭壁，走起来很吓人。

山路曲折迂回，向导带着我们左拐右转，不知不觉我们已经绕过了最高的山头，果然如那几位法国绅士所说，没什么大雪。突然，向导让我们看远处，我们竟然看到了美丽的朗格多省和加斯科尼省的一片茂密的森林。不过路程还是很远的，我们还得走很久。

> 转折：好运并未持续，霉运隐隐到来。给读者留下了想象的空间。

但是让我们感到担忧的是，突然下雪了，而且下了一天一夜，脚下的路又湿又滑。向导安慰我们很快就会通过这一地区。的确，我们发现，我们是在走下坡路，而且越来越往北走。因此，我们继续跟着向导前进。

向导走在前面，天黑前两个小时，他早就远远地在我们前面了。突然，从左边的山坳里，蹿出来三头凶猛的恶狼，后面还有一头大熊。两头狼直扑向导，其中一头狼扑向他的马，咬住了马头；另一头向他本人扑去。他惊慌失措，根本想不到拔枪，也来不及拔枪了，被吓得嗷嗷直叫。星期五在我旁边，我让他快点骑马过去看看。星期五一见到向导，也大叫了起来，不过星期五毕竟非常健壮、勇敢，他立马冲上去，拔出手枪，对准狼头，打死了那头畜生。

> 动作描写：描写出了狼的凶狠，向导受到惊吓，变得手足无措。

如果向导离我们再远一点，恐怕我们早已被狼吃掉了。

星期五在部落的时候经常跟野兽打交道，所以并不害怕野兽，能够果断地开枪打死狼。若是换了别人，早就吓坏了，根本不敢跑到狼的跟前开枪，但是如果在远处开枪，狼和人离那么近，很可能打伤人。总之，遇到星期五是向导的运气。

我自认为胆子不小，但是也被刚才的情景吓了一大跳。

事实上，我们这一行人现在已经吓得发抖了，因为星期五的枪声过后，那两头活着的狼发出凄厉的狼嚎，它们的嚎叫很快得到山谷里狼群的回应，结果狼嚎声此起彼伏，我们似乎掉到狼窝里了。我们相信，在附近的狼不止这三头，不然我们不至于如此害怕。

星期五打死咬向导的狼之后，那头咬住了马的狼立刻松开嘴跑了。好在狼咬的是马头，马勒头的铁圈卡住了狼嘴，马并没有受伤。可怜的向导却受了很重的伤，肩膀被咬了一口，膝盖也被咬了一口，而且星期五开枪后，向导的马受到惊吓，差点把他甩下了马。

叙述：说明了向导的伤势严重，也写出了星期五的勇猛。

星期五救了向导，当我们赶上去的时候，他正扶向导下马，向导不仅受了伤，而且受到了严重的惊吓。这时候，那头熊突然从森林里走了出来，它体形非常大，是我这辈子看到的最大的熊。熊一出来，我们都有些紧张，可星期五看到熊，却很开心。"啊！啊！啊！"他连着大叫了三声，然后高兴地跟我说："主人，我跟它握握手，让你们开心一下！"我很意外星期五见到熊竟然如此兴奋。我立刻说："你这傻瓜，可别让它把你吃了。""来吃我啊，来吃我啊，我还要把它吃了哩！我要让你们开心一下。让开，让开！我要让你们开心一下。"星期五一边说着，一边坐了下来。他把靴子脱了，从衣袋里掏出一双

旅途中的大逆转

轻便的皮鞋换上,又让另一个仆人把他的马牵走,自己则带着枪飞快地跑到熊跟前。

那头熊正慢悠悠地向前走着,看起来并不想招惹任何人。星期五突然跳到它面前,跟它打招呼,好像熊能听懂英语似的。他对着熊说:"嗨!嗨!我在跟你说话呢!"我们跟在星期五的后面。这时候我们已经下了山,进入了平坦而开阔的加斯科尼,这里是一片森林。

星期五捡起一块石头扔向熊,正巧打中它的脑袋,不过一点都没伤到它,就像打到一个棉花垛上。星期五这样做的目的纯粹是挑衅,这家伙胆子也太大了。

熊被打了一下之后,立刻转身盯住星期五,朝他奔过来。它迈着大步,摇摇晃晃地跑,跟小马跑得差不多快。星期五拔腿就跑,似乎来我们这边寻求帮助。于是大家立刻掏出枪,准备打死那头熊救星期五。我很生气,本来那头熊老老实实地走自己的路,他非要去招惹它,这还不算,竟然还把这个大麻烦引到我们这里来。于是我大声朝着星期五喊:"你这个混蛋,你这是让我们开心一下吗?骑着马,快跑远点,我们开枪打死它。"听到我的喊话,星期五叫了起来:"不要开枪,你们在那里别动,看好戏啊!"星期五本来就是个飞毛腿,他跑两步的工夫,那头熊才能跑一步。

> 动作描写:星期五身手敏捷,似乎是要把熊引到树上。

突然,他看到不远处有一棵大树,立刻转身,从我们旁边跑开,跑到大树下,把枪放在树根边,自己跟猴子一样爬到了树上。

那熊也冲到了树下,我们剩下的人则担心地跟在不远处,熊停下来闻了闻枪,没有碰它,就开始爬树。

别看这头熊又肥又笨,但是爬起树来绝不输给灵活的猫。

19. 曲折的回国路

我对星期五的愚蠢行为感到惊愕，完全没有发现这种冒险行为有值得开心的地方。现在熊爬到树上了，我们只能继续跟过去，防止星期五出现意外。

当我们到了大树前面的时候，星期五已经从树干爬到了边上的树枝上，那树枝长长地向一边伸展出来。这时，熊也跟着星期五向旁边的树枝爬去，可是越向前爬树枝越细越软。星期五大喊："快来看我教熊跳舞，快来。"只见星期五使劲晃动那根树枝，弄得熊差点掉下来，那熊只好不动，不断回头看看能否继续爬。看到这情景，我们都哈哈笑了起来。星期五还没玩够呢，他看见熊不动，就故意靠近它，又跟它说起了英语："嗨！嗨！来啊，往前走啊！"星期五停下来，稳住树枝，熊似乎听懂了星期五的话，又往前爬。刚爬几步，星期五又开始使劲晃动树枝，那熊立刻停下来，不敢再向前爬了。

> 动作描写：星期五的灵活，与熊的笨拙形成鲜明对比。

我们想，趁着熊不动，抓紧开枪打死它。于是我喊星期五不要动，我来把熊打死。可是星期五说："不要，不要开枪，待会儿我自己来开枪。"星期五又开始摇晃树枝，那熊摇摇欲坠，让我们笑了好一阵子。可是我们也不懂星期五到底想玩什么鬼把戏，刚开始我们还以为他要把熊晃下来，让它跌个四脚朝天。但是我们发现熊非常狡猾，它发现上当后，再也不向前走了。只见它用肥大的熊掌牢牢地抓住树枝，所以我们也看不出这场好戏如何收尾。

> 动作描写：熊发现危险后也警觉起来。

星期五很快揭晓了这场闹剧的结局，现在熊已经被他吓得不敢挪动了。他又跟熊说话了："好吧，你不走，我走，我走了。"说着，他爬到树枝的最末端，最末端的树枝又细又软，

旅途中的大逆转

动作描写：一套动作行云流水，十分流畅，展现了星期五英勇、活泼的形象。

他只要一压，树枝就弯了，星期五顺着树枝滑了下来，快到地面时，他松开树枝跳到地上。之后，立刻冲向枪，拿着枪对准熊，但是没有开枪。

"嗨，星期五，开枪啊！你在那里干什么呢？为什么还不开枪？"我问道。

"不，等会儿，现在还不到时候，我再让你们看一场好戏。"

熊见敌人走了，它就试图从树枝上退回去，但是它后退得很从容，走一步回头再看一下，确认敌人已经走了。费了好一阵子，它才慢悠悠地退到树干上来。

这时候，星期五回过头来看看我们这些观众们有没有被逗笑，见到我们都一副很开心的样子，自己也大笑了起来。"我们部落都是这样子杀熊的。"他笑着说。"真的吗？可是你们没有枪啊？"我好奇地问。星期五说："我们有长箭，又粗又长的箭。"

看完星期五抓熊的好戏，我们都放松了很多。但是在这荒山野岭里，我们真不知道怎么办，况且向导又受伤了。刚才的狼嚎似乎还在耳边回响，说实话，这狼嚎的恐怖，不亚于之前我在非洲海岸听到的那些野兽的叫声，令人毛骨悚然。

更糟糕的是，天又快黑了，我们不得不抓紧赶路。不然的话，星期五非要剥下熊皮来，因为那熊皮可以卖不少钱。但是因为我们今天至少还要赶九英里路，向导一个劲地催，星期五只好放弃了这个想法，继续赶路。

路上虽然有雪，但是不算厚，走起来也很安全。后来我们听说，下大雪后，山里的野兽饿极了，都会跑到树林或者平原上来觅食。它们经常偷羊和马吃，有时候甚至还袭击人。

旅途中的大逆转
19. 曲折的回国路

　　向导说，接下来要走的地方也很危险。如果这附近有狼的话，一定会在那边出现。那里是一小片平川地，四周有小树林，穿过树林的必经之路是一条很狭长的小路，走过这条路才能到达住宿的村子。

　　我们刚进入小树林的时候，太阳还露着半个脸，等进入平川地，太阳就彻底下山了。刚开始进入小树林时，我们倒没遇到什么危险，不久走到了一块林间空地上，只见五头狼在飞快地跑，一头紧跟着另一头。幸运的是，它们在追一只小动物，大概是兔子，根本没注意到我们。等我们缓过神来，它们都已经跑远了。

> 环境描写：渲染了恐怖氛围。

　　向导本来就胆小，再加上又被狼咬过，看到这情景，就不断提醒我们准备好枪，随时准备开枪，他觉得可能还有很多狼。我们握着枪，小心地向前走，瞪着眼睛观察周围的动静。刚穿过树林，进入平川地，我们立刻左右看了一下，结果一眼就看到二十几头狼，它们正围着分享一匹马。其实，马肉早没了，它们都在撕咬马骨。

　　它们并没有注意到我们，我觉得最好避开它们，绕着走。星期五特别想开枪打死几头，我坚决不同意。因为我觉得，也许真正的麻烦还在后面呢，我们得小心为妙。

　　在平川地上刚走了一半，左边树林里就传出来一阵狼嚎，队伍中的几个人吓得直发抖。紧接着，上百头狼奔跑着向我们冲过来，这些狼似乎像接受过训练一样，一排排地整齐列队，形成一个方形的方阵。我一时间都不知道如何应对这群狡猾的狼了。

> 细节描写：突出狼群的可怕，它们有极强的攻击力。

　　我想，我们最好靠拢，也排成一行。于是，我们迅速行动，成行排开。为了使我们能

旅途中的大逆转

够持续开枪，增强威慑力，我下令所有人平均分成两组，第一组开枪，第二组准备。第一组开枪之后，如果狼群还继续前进，第二组再开枪。这时候第一组成员不要急于装子弹，而是应该放下长枪，拔出手枪准备。因为我们每个人都有一支长枪、两支手枪。这样我们可以连续开六次。事实上，当时也没必要这么做。在第一组开完枪之后，这群狼就被巨大的声音和耀眼的火光吓坏了，乱了阵脚，停止了前进。这次开枪共打死四头狼，打伤了好几头，鲜血流在雪地上，清晰可见。受伤之后的狼退出了狼群。

叙述：鲁滨逊急中生智，吓退了狼群。

狼群停止攻击，但并未后退。我突然想起曾经有人对我说过，即使最凶猛的野兽，也害怕人类发出的声音。于是，我命令大家齐声呐喊，这个办法竟然非常管用。我们一喊，狼群竟然开始后退，我们更加拼命、更加凶狠地喊起来，狼群掉头跑了，我又下令开了一次枪，防止它们回来。

这时候，我们立刻给枪装好子弹，准备继续赶路。可是子弹刚入膛，树林里又传来此起彼伏的狼嚎，这次狼群距离稍微远点，在路的前方，但我们无法绕开。

细节描写：生动地刻画了狼的数量多、攻势猛。

夜来临了，光线十分暗淡，这对我们来说是十分不利的。嚎叫声越来越响，越来越近，突然，一下冲出来三群狼，一群在左边，一群在后面，还有一群在正前方。看来，它们试图将我们包围起来。狼群并没有主动进攻，而是站在那里盯着我们，见它们不进攻，我就命令抓紧赶路。路不是很好走，马只能快步地穿过平川地，准备进入一片森林，我们已经看见了树林的入口。待我们走到入口的时候，突然发现前面乌黑一片全是狼，吓得我们向后退了好多步。

旅途中的大逆转
19. 曲折的回国路

突然，树林的另一个入口处响起了一声枪响。我们扭头看去，只见一匹马飞快地冲出树林，马背上的马鞍完好无损。它的后面紧紧地跟着十六七头狼，当然马的速度更快一些，可是那匹马看起来快支撑不住了，早晚会被这群饿狼追上的。

此时，可怕的情景出现了，我们催马向狼冲出来的路口走去，一匹马和两个人的尸骸躺在地上，毫无疑问，这是被狼咬死的。其中一个人身边还有一支长枪，已经开过枪了，刚才我们听到的枪声应该来自这支枪。现在枪的主人已经被狼吃掉了一半。我们神经紧张，心惊肉跳，不知所措。

> 神态描写：狼的数量太多，稍有不慎，鲁滨逊和他的朋友们也将沦为它们的口中餐。

此时，狼群已经把我们包围了，它们急切地想把我们这群人和马吃掉。我目测，应该有三百来头。我环顾四周，发现离入口不远的地方，有一堆木材，应该是前阵子砍伐的，堆在那里还没来得及被运走。这对我们来说是个很好的掩护，我带着小队快速地躲到了木材堆后面。木材堆里面有一根木头特别粗、特别长，我让大家下马，以长木头作为胸墙，摆成三角形阵线，让马待在中间。

> 细节描写：鲁滨逊就地取材，对付狼群，展现出机智和勇敢的一面。

幸好我们这样做了。因为这群饿狼很快发动了猛烈攻击，它们号叫着猛冲过来，一跃就跳到了那根长木头上，之前我提到，我们把这根长木头当胸墙。狼的目的很明显，就是扑向猎物，而且看得出来，它们的猎物是马。我们还是跟上次一样，分开开枪，一人开枪，旁边的人做好准备。他们的枪法都很准，第一次开枪之后，几头狼倒下去了。可是，其他狼很快又冲了上来，我们不得不连续开枪。

旅途中的大逆转

两次开枪之后，已经死了好多头狼，本以为会对狼群有点震慑，即便不后退也应该不会再进攻了。没想到它们竟然毫无畏惧地又冲了上来，我们又连续放了两次枪。开枪四次，我们打死了将近二十头狼，打伤四十头左右，可是狼还是没有退缩的意思。

我不愿匆匆放完最后一次枪，就叫来自己的仆人——那个新雇的水手。我给了他一大角筒火药，让他到木头外，沿着木头撒一道宽宽的火药线。他立刻跳到木头外，迅速撒上了火药，刚转身回到木头这边，狼群就冲过来了，有几头跳上了木头。我迅速抓起手枪——我已经开过两枪，只剩这支手枪还有子弹——贴着火药先开了一枪，火药噌地燃烧起来，跳到木头上的狼被烫得嗷嗷叫着跑掉了，有六七头狼被大片的火光吓得慌了神，竟然跳到我们这边来，被我们迅速打死了。其他的狼也被这火光吓坏了，因为此时天已经很黑了，火光看起来格外耀眼。这时狼群似乎犹豫着，后退了几步。

> 动作描写：面对危险，仆人的动作十分迅速。

看到狼群后退，我立刻抓住机会下令开枪，我们队伍中还有一部分人的手枪里有子弹，他们一起开了枪。之后我们大声呐喊，那些狼才转身逃掉。我们拔出刀，冲出来，地上还有很多受伤的狼在挣扎，我们用刀狠狠地又砍又刺，一顿拼杀。这个办法非常有效，那些逃跑的狼听到同伴惨烈的叫声，吓得跑得更快了。几分钟后，四周就静悄悄的，一头狼也不见了。

> 叙述：表现出鲁滨逊的聪明才智，成功逼退狼群。

大概数了一下，我们杀死了六十多头狼。若是白天，也许我们能杀死更多。扫清障碍后，我们加速前进，还有三英里我们才能到达目的地。路上，有几次我们听到饿狼的嚎叫声，不过听起来很远。有时候似乎看到有几头狼跑过，但是我们也不十分确定，因为地上的白雪很耀眼。大概又走了半小时，我们终于到了住宿的村子。到了之后，我们发现村子里所有人都全副武装，神情紧张。原来昨天有许多狼和熊跑到村子里咬死很多牲口，人们吓得不敢睡觉，只好轮流巡逻。

第二天早晨，向导病得更重了，两处伤口开始化脓，一条胳膊和一条大腿都肿得很大，没法继续赶路了。我们只能重新雇了一个向导，新向导把我们带到了图卢兹。那儿气候温润，风景如画，没有雪，更没有什么凶猛的野兽，而且物产丰富。在那里我们同当地人讲起这段杀狼的经历时，他们说山下大森林里会经常有狼出没，尤其当地面被大雪覆盖，难以寻找食物的时候，狼群会更多。

> 环境描写：同前一晚与恶狼缠斗的画面形成鲜明对比。

他们一直问，我们到底雇了哪个胆大的向导，竟然在下大雪后走那条路。他们说，我们没被狼吃掉，真是万幸。我告诉他们，当时我们围成了三角形，把马匹放在中间，打退了狼群，而且还保住了所有马匹。他们听了之后都觉得我们简直是在拿生命开玩笑，狼之所以奋不顾身地不断冲向我们，是因为看到了我们身后的马。在正常情况下，狼是怕人开枪的，但是如果饿坏了的话，它们就只想着猎物，顾不了那么多了。如果不是我们持续不断地开枪并且还

> 解释说明：大雪不仅阻挡了鲁滨逊的去路，还让狼群无处觅食。

点燃火药吓退它们，现在我们早被吃得连骨头都没有了。其实，最好的办法是稳稳地坐在马背上，像高大的骑兵那样朝着狼群开枪，它们看到马上有人、有武器，就不敢再打马的主意了。还有另一种办法，就是大家把马丢到一边，人紧紧地靠在

一起，这样狼就会只去吃马不管人，这样我们就可以悄悄溜掉。

在我一生的冒险中，这次是最可怕的一次。当时三百多头恶魔般的饿狼张着血盆大嘴朝着我们冲来，恨不得一口把我们吞掉，而我们身后没有退路，也没什么地方可以躲藏。说实话，这辈子我都不想再路过那些山了，我宁愿在海上航行一年，即使每周都遇到暴风雨，我也不会选择走那些荒山野岭了。

之后在法国的旅途倒是很顺利，没有发生什么特别的事。即便有，也是些其他旅行家介绍过的事情。从图卢兹一路到巴黎，然后又到了加莱。一月十四日，乘船越过海峡到了多佛尔。整个冬季，我都在赶路。

我们是如何击退狼群的？试着复述。你有更好的办法击退狼群吗？

20. 衣锦还乡

现在我终于到达英国了，立刻把汇票兑换成现钱，我的财产安全地在我手里了。

那位善良无私的寡妇，很感谢我对她的接济。因此对我非常关心，时常嘘寒问暖，尽一切可能地为我服务。我也很相信她，想把所有的财产都让她来代管。这位有教养、诚实可信的人，做事公平、公正，我对她非常满意。

当时，我正打算让寡妇代管我的财产，自己去里斯本，然后再转去巴西。但是我又有了新的顾虑，之前我也提到过，那就是宗教问题。在国外的时候，尤其是在荒岛上的时候，我就对罗马天主教产生了怀疑。因此，若是我去巴西定居，那么我只能舍弃自己的宗教信仰，全心全意地信奉罗马天主教。如果我不放弃，那么我很可能会作为异教徒被宗教法庭处死。所以我决定继续住在英国，找合适的机会把巴西的种植园卖掉。

我写信给老船长，告诉他卖种植园的想法，他很快回信给我，说他可以托人帮我卖。

如果我同意他来经办这件事，他便以我的名义告诉巴西的两位代理人的继承人，请他们帮忙。一是他们了解那个种植园的价格，二是他们自己非常有钱，可能会直接买下来。老船长觉得如果直接卖给他们，他们肯定不会亏待我的。

叙述：老船长办事细心靠谱，处处为鲁滨逊着想。

旅途中的大逆转

我同意了老船长的建议，他很快通知了那两位代理人的继承人。大概八个月后，巴西的船回到里斯本，老船长写信告诉我，他们给了我很好的价钱，比市场价高出近五千个葡萄牙金币，总共卖了三万三千个葡萄牙金币，并且已经把钱汇给了老船长。

老船长把合同和汇票一起邮寄给了我，当然，即便把种植园卖掉，我还是遵守我之前的诺言，只要老船长活着，我每年给他一百个葡萄牙金币，他去世后，每年给他儿子五十个葡萄牙个金币。原先这笔钱直接从种植园收益中给他，现在由我每年邮寄给他。

我现在可以说是富甲一方，事事顺心，好运连连。不论是谁，处在我的位置，都不可能选择再去冒险。可是，我这个人，天生不喜欢安稳的日子，习惯了这种游荡的生活，再加上我也没有成家，没有多少亲戚，甚至连朋友都没有几个。所以尽管我在巴西已经没有什么产业了，但是我依旧很怀念那里，很想再故地重游。我更想去那个孤岛看看，看看那个西班牙人有没有带着那十六个人去孤岛，岛上的那三个叛徒是否能跟他们和谐相处。这些愿望越来越强烈，让我寝食难安，无法好好享受生活。

> 心理描写：鲁滨逊向往冒险、自由的心从未改变。

我忠诚的朋友，那位寡妇，时常像长辈一样劝我不要再远游，经过她无数次的劝说，她竟然把我劝住了。足足有七年时间，我一直待在英国，从未出过远门。在这段时间里，我领养了我的两个侄子——我去世的哥哥留下的孩子。大侄子本来就继承了一些遗产，我把他培养得很有教养，并送给他一些产业。小侄子我托付给一位正直的船长，五年后，小侄子也长成一位有理想、有抱负的青年，他喜欢航海，我便给他买了条大船，让他航海去了。可是，就是这个年轻人把我这个老头子拖进了新的冒险生涯。

在这七年期间，我的生活也基本安定了下来，并且我结婚生子了。至于我的婚姻，不能说美满，但也不能说不美满。妻子替我生了三个孩子，两个儿子和一个女儿，但是不久我的妻子就离开了人世。正在此时，也就是1694年，小侄子从西班牙航海回来，他这一趟挣了不少钱。这又刺激了我，再加上我的小侄子不断鼓励我继续航海，我经不住诱惑，便以商人的身份，乘坐小侄子的船去了东印度群岛。

叙述：
鲁滨逊不安于现状的心一点即燃，他又踏上了航海之路。

在这次航行中，我回到了我的孤岛。现在这个孤岛已经是我的殖民地了。我见到了我的继承人们——从小岛对面大陆过来的十几个西班牙人，了解了他们的生活状况，也了解了留在岛上的那几个俘虏的情况，知道他们开始时总是侮辱那批可怜的西班牙人，之后他们分分合合很多次，最后那批西班牙人被迫使用武力对付他们，把他们彻底制服，但之后西班牙人非常公正、平等地对待他们。他们跟我介绍了岛上农业、畜牧业的发展和生活水平的改善情况，以及他们如何到对面的大陆去，抢来五个女人，还有十几个男人。所以，当我这次去小岛的时候，岛上已经有二十多个小孩子了。

我在岛上逗留了二十天左右，给他们留下了一些船上的各种日常必需品，特别是衣服和生产工具。我还从英国给他们带来了两个工匠，一个木匠，一个铁匠。

在岛上我做的一件重要的事就是划分领土，我把岛上的土地划分给他们使用，而我则享有岛的所有权。临走之前，我叮嘱他们不要离开岛。

旅途中的大逆转

从孤岛出发，我又乘船去了巴西，在巴西我买了条船，置办了一船生活用品送到孤岛去。除了这些用品，我还送给他们七个妇女，这些妇女是我仔细挑选的，有几个适合做妻子，也有几个适合干些家务活什么的。至于留在岛上的那几个英国俘虏，我答应他们，只要他们在岛上勤恳工作，不惹是生非，我就从英国给他们捎些生活用品去，还会送给他们几个妇女。当然，这些我后来也都做到了。这几个俘虏被西班牙人制服后，我分给他们一些土地，他们辛勤种地，都变得踏实肯干而且诚实。后来我还从巴西给他们捎过去一些家畜，有五头牛，其中三头已经受孕，还有十几只羊和十来头猪。等我第三次去孤岛时，那里已经随处可以见到牛群、羊群和猪群了。

除了上面的事情，后来小岛还发生过不少惊险的事情。有三百多个加勒比人突袭了小岛，把他们的庄稼都糟蹋了。他们与这些加勒比人发生了两次大的战争，第一次失败了，牺牲了三个人。后来海上刮起了暴风，那些人的独木舟被海浪卷走了。这些加勒比人无法返回那边的大陆，很多被饿死了，也有一些被小岛居民打死了。这样小岛终于又恢复了平静。

上面这些事及后来十几年我的冒险经历，我以后再跟大家详细叙述。

纵观全书，你觉得鲁滨逊是一个什么样的人呢？举例说一说。你从他的身上学到了什么？

大课堂

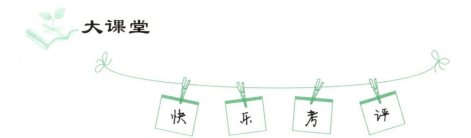

1. 解标。看争当"最美乐读者",了解面试的基本标准和操作方法,并从正确、流利、有感情、有个性四个方面理解具体的评价要求。

2. 范评。指名学生讲述自己充分准备的拿手故事,由老师从四个方面逐一做示范点评打分。

3. 共评。请一位学生抽签讲述故事,老师引导学生对照标准共同评价打分。

4. 试评。分学习小组尝试对本小组里某一个组员进行面试,由组长主持,其他人当考官。

旅途中的大逆转

自测练习

姓名：_____ 自我评价：_____（优秀 良好 加油）

阅读策略

一、结合六年级下册《语文》"快乐读书吧"内容，梳理阅读策略

1. 有些名著读起来比较难，不像流行读物那样通俗易懂。先大致了解名著的写作背景，帮助我们理解作品的内容和价值。查阅资料，了解《鲁滨逊漂流记》的写作背景，提取关键信息并摘抄下来，助力理解作品内容。

_____
_____
_____
_____

2. 刚开始读《鲁滨逊漂流记》，有点读不下去，但想到成为经典的书不简单，它是人类智慧的结晶，就会沉下心来读，越读越有意思。读完整本书后，试着用思维导图的方式梳理全书的结构。

全书思维导图：

3. 读书时，如果能做一些读书笔记，收获会更大。摘抄作者在书中想要表达的一些想法，并联系生活实际谈谈自己的看法。

_____
_____
_____
_____

走进名著

二、运用阅读策略，走进名著

1. 读完《鲁滨逊漂流记》，梳理关于本书的重要信息。

（1）《鲁滨逊漂流记》的作者是英国作家_____。

（2）《鲁滨逊漂流记》这本书运用第_____人称来描写。

（3）鲁滨逊生活的孤岛叫_____。

（4）《鲁滨逊漂流记》第一部分写鲁滨逊离家三次的航海经历，第二部分写鲁滨逊在一座荒无人烟的海岛上度过了多年孤独的时光，第三部分叙述鲁滨逊从荒岛回来后的事情，全书的精华是第_____部分。

（5）小说的主人公鲁滨逊给被救的野人取名"_____"，后来，这一野人成为他忠实的仆人和朋友。

（6）读完这本书，你印象最深刻的话是：_____
_____。

2. 根据故事情节走向，连一连。

鲁滨逊先后出海四次，请将每次的遭遇连线。

第一次　　　去非洲经商。

第二次　　　他们遇到了土耳其海盗，被俘虏，变成了奴隶，逃出后抵达巴西。

第三次　　　贩卖黑奴，遭遇飓风，船在南美洲一个岛屿附近突然触礁，遭灭顶之灾。

第四次　　　目的地是伦敦，不料却遇到了可怕的风浪，好容易才保住了性命。

3. 回忆故事主要内容，判断正误。

（1）鲁滨逊出生于一个教师家庭，从小就想出海远航。（ ）

（2）鲁滨逊在第一次遇到风浪时，他曾想如果他能幸存，他将像一个真正的回头浪子，回到他父亲的身边去。（ ）

（3）鲁滨逊第三次航海途中遇到风暴，船上同胞全部遇难，他流落到荒岛上。（ ）

（4）在荒岛上，鲁滨逊觉得水和食物很重要。（ ）

（5）鲁滨逊得疟疾时，用嚼烟叶的方法治病。（ ）

（6）鲁滨逊救了一位海盗，从而获得了回英国的机会。（ ）

（7）鲁滨逊是一个意志品质极为坚强、生存信念十分执着的人，并且务实肯干，勤于创造。（ ）

阅读与鉴赏

三、结合具体情节和细节赏析小说中的人物形象及故事结局

1. 读完小说，鲁滨逊给你留下了怎样的印象？先用词语概括，再联系具体情节赏析。

2. 《鲁滨逊漂流记》的结局与一般的小说相比，不同之处是什么？

思辨与表达

四、在作品中，主人公不断运用自己的智慧创造无限生机，你一定会受到许多启发，联系具体情节有理有据地说一说

1. 鲁滨逊在岛上遇到了哪些困难？又是怎样解决的？结合生活实际，谈谈你所受到的启发。

2. 有人认为《鲁滨逊漂流记》是一本男孩子必读的书，女孩子不需要读，你同意这种观点吗？为什么？

3. 请结合自己的阅读感受，向朋友推荐名著《鲁滨逊漂流记》，说清楚推荐理由。

旅途中的大逆转

争当"最美乐读者"

整本书读完,同学们要主动申请参加最后的阅读考评,考评分三步:

1. 自导自演(讲演5分钟左右,共40分)。自主选择本学期阅读的内容进行演讲,可以请其他人给予指导或参与演出,通过精心准备,表现最好的自我。

2. 抽签讲述(讲演3—5分钟,共40分)。自己抽取题签,现场脱稿讲述,这一环节全部独立完成。

3. 抽签朗读(朗读4分钟左右,共20分)。

以上三项面试的基本标准是正确、流利、有感情、有个性四个指标,第一、二两项每个指标10分,第三项每个指标5分。

面试总分100分。同学们如果得到80分以上,就可以获得"最美乐读者"的光荣称号,受到表彰。